Kosmos-Hundebibliothek

Hilde Schwoyer

Setter und Pointer

Aufzucht – Haltung –
Pflege – Ausbildung

Kosmos
Gesellschaft der Naturfreunde
Franckh'sche Verlagshandlung
Stuttgart

Umschlag von Edgar Dambacher
unter Verwendung eines Dias von Hilde Schwoyer
Mit 8 Zeichnungen im Text von Eva Hohrath
und 4 Farbfotos auf 2 Tafeln von Foto-Color Studio Hücherig,
H. Steidl, F. Hütte und M. Schmid

CIP-Kurztitelaufnahme der Deutschen Bibliothek

Schwoyer, Hilde
Setter und Pointer : Aufzucht, Haltung, Pflege,
Ausbildung. – 2. Aufl. – Stutt-
gart : Franckh, 1977.
(Kosmos-Hundebibliothek)
ISBN 3-440-04348-7

2. Auflage / 7.–11. Tausend
Franckh'sche Verlagshandlung, W. Keller & Co., Stuttgart / 1977

Printed in Germany / Imprimé en Allemagne
LH 9 be / ISBN 3-440-04348-7
Gesamtherstellung: Konrad Triltsch, Würzburg

Setter und Pointer

Zum Verständnis der Rassen ein wenig Geschichte

Die langhaarigen Setter und die kurzhaarigen Pointer werden als „englische Vorstehhunde" bezeichnet.
Entwicklungsgeschichtlich betrachtet, gehören alle Vorstehhunde, die englischen und die kontinentalen, zur jüngsten Gruppe der Jagdhunde. Sie sind aus Bracken und langhaarigen Stöberhundeschlägen hervorgegangen. Von der Anlage mancher Bracken zum „Stutzen vor dem Wild", den Anfängen des Vorstehens, berichtet bereits Xenophon (um 430 bis um 354 v. Chr.) in seinem Werk „Über die Kunst der Hundeführung" (=über die Jagd). Es soll hin und wieder Laufhunde gegeben haben, die vor dem wahrgenommenen Wild stehenblieben, statt es nach Brackenart mit Nase und Laut zu jagen.
Lange vor Aufkommen der Feuerwaffen wurde Flugwild mit Netzen gefangen oder in Netzreusen getrieben. Dabei leisteten langhaarige Hunde gute Dienste. Sie fanden mit ihrer feinen Nase unter Ausnutzung des Windes das Wild in seinem Versteck und kauerten sich in gebührendem Abstand davor nieder. So konnten die Jäger ihre Netze über das Wild werfen und es einfangen. „Tyrassieren" wurde diese Jagdart genannt.
Zuchtauslese auf lange Zeit, geschickte Abrichtung, gekoppelt mit gleichzeitig auftretender Mutation (Veränderung der Erbanlagen) mögen zusammengewirkt haben, damit sich eine konstante Rassegruppe entwickeln konnte: die Vorstehhunde, eine neue und damit die jüngste Gruppe neben den bereits vorhandenen Jagdhunderassen, den Bracken und den Stöberern. Diese uralten Rassen blieben aber ebenfalls rein erhalten bis auf den heutigen Tag. Abtrünnig wurden nur einige Außenseiterlinien, deren Anlagen die Jäger erkannten und züchterisch förderten, weil diese Hunde brauchbar waren für die Jagd auf Federwild.
Jagdhunde genossen seit alters her große Wertschätzung und ihre Zucht lag in den Händen adeliger Herren. Sie züchteten auf ihren großen Besitzungen Hunde nach ihren jagdlichen Bedürfnissen und ihrem persönlichen Geschmack. Gepaart wurde stets nach Leistungsauslese. Zuchtvereine und Ahnentafeln im heutigen Sinne gab es nicht, nur private Aufzeichnungen und Chroniken lassen kombinieren, wie Rassen entstanden sind. Den Setter als „Vogelhund" erwähnen alte Schriften erstmals um 1776; damals war die Rede von „setting dogs" oder „setting spaniels", beim Wittern von Federwild sich legende oder vorsitzende Hunde.
Noch viel älter als die Setter ist der von Spanien über Frankreich nach England gekommene kurzhaarige Pointer.

Die Verbreitung der englischen Vorstehhunde

Setter und Pointer sind als Jagdhunde in der ganzen Welt beliebt, ihre hervorragenden Eigenschaften werden überall geschätzt, wo Federwild über dem vorstehenden Hund geschossen wird.
Nach Deutschland kamen die englischen Rassen vor gut 100 Jahren. Fürsten und Bürger jagten mit ihnen nach britischem Vorbild und verwendeten die Hunde vorwiegend für die Feldjagd. Bedingt durch das Reviersystem benötigt der Jäger in unserer Heimatflur jedoch einen vielseitigen Hund. Die englischen Vorstehhunde waren vielen Jägern zu schnell, zu einseitig gezüchtet und veranlagt; außerdem fehlte vielen Führern das Verständnis für die Feinheiten dieser edlen Rassen.
Seit der Jahrhundertwende erlebte die deutsche Gebrauchshundebewegung einen großen Aufschwung, die englischen Rassen wurden immer mehr verdrängt. Geschickte Züchter der deutschen Gebrauchshunde hatten Pointer und Setter eingekreuzt und damit Gangwerk und Nasenleistung ihrer Hunde wesentlich verbessert.
Den rein englischen Vorstehhunden blieb jedoch immer ein Interessenkreis treu, wenn er auch kleiner geworden war. Seit einigen Jahren werden wieder mehr „Engländer" in deutschen Revieren geführt.
Setter und Pointer, aus guter Leistungszucht und verständig abgerichtet, sind hervorragende Jagdhunde für Feld und Wasser; viele sind raubzeugscharf und absolvieren in Konkurrenz mit deutschen Jagdgebrauchshunden die Verbandsprüfungen. Ihr Haupteinsatzgebiet, und darauf liegt auch der Schwerpunkt der Zucht, ist und bleibt die Feldarbeit. Als Feldspezialisten (Suchen – Finden – Vorstehen) sind sie gezüchtet, als solche werden sie in aller Welt geführt, auf diese Eigenschaften hin prüft sie auch bei uns der Zuchtverein. Das Arbeitsgebiet der englischen Vorstehhunde ist bei uns und in anderen Ländern selbstverständlich erweitert worden auf Bringen und Verlorenbringen des geschossenen Wildes zu Land und zu Wasser. Diese Leistungen werden bei den Herbstveranstaltungen geprüft.
Mit zunehmender Beliebtheit und Verbreitung der Hundeausstellungen begann sich der Freundeskreis der englischen Vorstehhunde zu erweitern. Besonders der rote Irishsetter hat einen wahren Siegeszug angetreten. Tausenden von Menschen in aller Welt bedeuten diese wunderschönen Hunde mit ihrem angenehmen Wesen eine echte Daseinsbereicherung. Ob diese edlen Geschöpfe mit ihrem großen Bewegungsdrang darüber unglücklich sind, weil ihnen kein Feldwind mehr um die Behänge weht? Der Mensch fragt leider nicht danach, er holt sich ins Haus, was ihm gefällt.
Der wahre Hundefreund wird sich die ernsthafte Frage stellen, was er für seinen Hund tun kann, damit der sich wohl fühlt und nichts entbehrt.

Der echte Hundefreund weiß um die Verantwortung und die Verpflichtung einer Rasse gegenüber. Damit beiden Teilen geholfen wird, Mensch und Hund, wurde dieses Buch geschrieben!

Die Betreuung der Rassen in Deutschland

Im Jahre 1902 wurde in Bingen der Setter-Club gegründet, 1912 schloß er sich mit dem deutschen Pointer-Verein zusammen zum Verein für Pointer und Setter e. V., Sitz heute in Wiesbaden. Der Verein gehört zum Verband für das Deutsche Hundewesen e. V. (VDH), Dortmund, zur Fédération Cynologique Internationale (FCI), Thuin/Belgien, und zum Jagdgebrauchshundeverband. Außer in Deutschland gibt es in fast allen Ländern eigene Clubs für jede der 4 Rassen.
Sinn und Zweck des Vereins für Pointer und Setter gehen deutlich aus § 2 der Satzung hervor:
Der Verein hat zum Ziel, die Reinzucht des Pointers und der Setter zu heben sowie die Heranbildung und Prüfung der Hunde auf jagdliche Gebrauchsfähigkeit zu fördern.
Diesem Ziele dienen:
a) Die Führung eines Zuchtbuches,
b) das Veranstalten und Unterstützen von Leistungsprüfungen und Zuchtschauen,
c) die Ausgabe von Nachrichten.
Der Verein ist in 7 Landesgruppen aufgeteilt; jede Landesgruppe hält alljährlich eigene Zuchtschauen ab und beteiligt sich mit Sonderschauen an internationalen Ausstellungen von VDH und FCI und stellt dafür Spezialrichter.
Im Frühjahr werden Jugend-, Alters- und Einzelsuchen abgehalten, im Herbst jagdliche Leistungsprüfungen nach einer eigenen Prüfungsordnung, die vom Jagdgebrauchshundeverband anerkannt ist. Der Verein führt seit seinem Bestehen ein eigenes Zuchtbuch. Nur darin eingetragene Setter und Pointer sind garantiert rasserein; sie haben im linken Behang eine Tätowierungsnummer, die auch im Abstammungsnachweis eingetragen ist.
Zuchtwarte des Vereins tätowieren die Welpen und besichtigen die Zuchtstätten, geben dem Hauptzuchtwart und dem Zuchtbuchamt genauen Bericht über die Verfassung der Mutterhündin und des Wurfes, dessen Unterbringung, Sauberkeit, Fütterung, Auslauf usw. und beraten die Züchter.

Jeder unserer Züchter verpflichtet sich durch Unterschrift, keinen Welpen an den Versandhandel, an Händler oder Zoogeschäfte abzugeben. Damit schützt der Verein die von ihm betreuten Rassen weitgehend vor Mißbrauch. Das ist leider heutzutage notwendig geworden. Hundezucht ist schon immer eine sehr schöne, aber kostspielige Liebhaberei gewesen. Wo sie aber zum Geschäft ausartet, geht das unweigerlich auf Kosten der armen Kreatur, die dem Menschen und seiner Profitgier wehrlos ausgeliefert ist.
Jeder Züchter, der Verantwortung trägt gegenüber seiner Rasse, hat den Wunsch, gesunde, wesensfeste und schöne Hunde zu züchten und unterwirft sich gerne den vom Zuchtverein aufgestellten Bestimmungen.
Der Interessent für einen jungen Setter oder Pointer wende sich deshalb am besten an die Welpenvermittlungsstelle (Zuchtbuchamt) des Vereins und gebe dabei an, ob er einen „nur schönen" Begleithund oder einen Hund aus Leistungszucht will.

Der Englishsetter

Dieser elegant-sportliche, mittelgroße Hund ist immer weiß mit kleinen farbigen Tupfen. Gelegentlich kommen dreifarbige (tricolour) Setter vor, die neben Weiß und Schwarz auch mahagonifarbene Tüpfelung zeigen. Der weiße Setter „Old England's" entstammt vermutlich verschiedenen Schlägen von Land- und Wasserspaniels, denen Pointerblut beigemischt wurde, um sie als Vorstehhunde zu vervollkommnen, was großartig gelungen ist.
Als bekanntester Züchter des englischen Setters zur konstanten Rasse gilt Sir Edward Laverack (1797–1877), weshalb der englische Setter auch als Laverack-Setter bezeichnet wird.
Englische Setter sind auf der ganzen Welt verbreitet, überall beliebt und zu finden, wo Federwild über dem vorstehenden Hund geschossen wird. Auf dem Kontinent wurden vor allem Italien und Frankreich die klassischen Länder der Englishsetter-Zucht und die Eintragungen in die Zuchtbücher gehen dort alljährlich in die Tausende. Der Liebhaber weiß ihre Schönheit und ihr angenehmes, sanftes Wesen zu schätzen.
Die Welt der Setter ist das weite Feld, die offene Landschaft, wo Rebhühner daheim sind, denn das Feldhuhn ist das spezielle Lieblingswild der Setter.
Von allen drei Setter-Rassen hat der englische Setter den reizvollsten Stil bei der Arbeit. Es ist eine Augenweide, wenn gute Vertreter dieser

Abb. 1. Haltung beim Vorstehen, hier am Beispiel eines Irishsetters vor Rebhühnern.

Rasse in windender Fahrt durchs Gelände suchen, in katzenhaften, langen Sprüngen, dabei die feine Nase immer in der Luftströmung, um beim geringsten Registrieren von Wildgeruch urplötzlich vorzuliegen oder -zustehen oder in anmutiger Haltung dem ablaufenden Wild nachzuziehen.
Ein großer Liebhaber englischer Vorstehhunde, M. von Fischer-Trammingen, drückt das poesievoll aus: „... Stil ist eine Komposition von Schönheit, Harmonie der Bewegung und höchster Leistung der betreffenden Rasse."
Das Spezialgebiet des englischen Setters ist unbestritten das Suchen, Finden und Vorstehen, schlichtweg Feldarbeit genannt, mit hervorragendem Sekundieren, wenn mehrere Hunde gemeinsam laufen. In Deutschland führt man die Setter vielseitiger, zumal sie passionierte Wasserhunde abgeben.
Diese Feldspezialisten haben ein liebenswertes, anschmiegsames, sanftes Wesen und sind ruhig und angenehm im Haus – Eigenschaften, die ihnen Freunde auf der ganzen Welt brachten.

Die Rassemerkmale des Englishsetters

Ein überaus freundlicher, von Natur aus ruhiger Hund mit ausgeprägtem Jagdverstand, von mittlerer Größe, mit klarer Linienführung, elegantem Aussehen und Bewegung.
Größe der Rüden 64 bis 68 cm, Hündinnen etwas kleiner; Gewicht der Rüden 27 bis 29,5 kg, Hündinnen 25 bis 28 kg.
Typisch für alle Setter ist der freundliche, intelligente Ausdruck der dunklen Augen. Der Setterkopf ist lang und trocken, mit markant betonter Stirnfurche und ausgeprägtem Hinterhauptbein. Oberkopf zwischen den Behängen oval, Fang rechteckig geformt, tief und mäßig lang, keine Pendel-Lefzen. Das Haar des englischen Setters ist vom Behangansatz abwärts leicht gewellt, lang und seidig, die Läufe sind an den Rückseiten gut befedert. Die lange Fahnenrute soll nicht über Rückenhöhe getragen werden.
Die Grundfarbe ist immer Weiß mit gleichmäßig verteilten gelben, orangefarbenen, braunen oder schwarzen Tupfen; Plattenfärbung ist gestattet, aber die Tüpfelung wird bevorzugt.
Der schnelle Suchhund muß entsprechend zweckmäßig gebaut sein und

korrekte Winkelung der Vorder- und Hinterhand aufweisen, vor allem gut schräg liegende Schultern. Nach Anton Jacobs, dem großen Kenner der Rasse, ist der englische Setter „länger im Rücken und freier in den Ellbogen". Daraus erklärt sich sein katzenhaft geduckter Sprung, so als würde er bei der Suche flach vorwärtsschießen.
Grobe Fehler: Untypisches Aussehen durch zu hoch angesetzte Behänge und spitzen Fang, schlechte Winkelung, Augen- und Zahnfehler.

Der Irishsetter

Es ist bestimmt nicht übertrieben, den prachtvollen, mahagonifarbenen Irishsetter zu den schönsten Jagdhunderassen der Welt zu zählen! Von allen drei Setterrassen ist er der bekannteste und beliebteste.
Seine Heimat ist Irland; irische Edelleute haben ihn als ihren bodenständigen Vorstehhund gezüchtet. Ihnen verdanken wir den sportlichrassigen Hund mit dem wundervollen Goldglanz im Haar und den liebenswerten Eigenschaften.
Wie bei allen Settern, so gelten auch beim Iren langhaarige Stöberhunde als Ahnen. Als sicherster Vorfahr wird der weiß-rote Welsh-Springer-Spaniel angenommen, ein Arbeitsspaniel. Als Feuerwaffen die Decknetze ablösten, mußten die vierbeinigen Gehilfen der Jäger größer und schneller sein. So ist anzunehmen, daß die „setting spaniels", mit denen man bisher tyrassierte, mit dem über Spanien und Frankreich eingeführten Pointer gekreuzt wurden. Denn der Pointer besaß bereits konstant die Anlage zum Vorstehen und vererbte sie. Die ursprüngliche Farbe des irischen Setters war Rot mit großen weißen Flecken oder Weiß-Rot. Die ersten rein roten Setter wurden vor ungefähr 100 Jahren gezüchtet. Im Heimatland Irland ist der rote Setter nach wie vor *der* Vorstehhund. Neben dem einfarbigen Roten gibt es auch noch den viel älteren Stamm in der ursprünglichen weiß-roten Farbe. Diese Weiß-Roten sollen über hervorragende jagdliche Qualitäten verfügen.
Prachtvoll anzuschauen in seiner Mahagonifarbe, das Fell glänzend wie das eines Paradepferdes, so stellt sich uns heute der Irishsetter vor, so lieben wir ihn!
In seinem Setterbuch schreibt Robert Gannon: „Irishsetter sind nicht nur stattliche, ausgeglichene Hunde, sie sind wunderbare Kameraden, geben gute Jagdpartner ab für die Männer und tüchtige Hausbeschützer für die Frauen; den Kindern sind sie gutgelaunte, übermütige Spielkameraden.

Sie leben lange, sind sanft und liebevoll. Sie haben ausgezeichnete Manieren und sind intelligent genug, ihren Platz zu erkennen – den Platz im Haus und den im Feld ...". Diese wenigen Sätze sagen alles aus über die große Begabung und Vielseitigkeit des Irishsetters.
Zum besseren Verständnis folgt einiges über die Arbeitsweise des Iren als Feldhund, denn dort findet er seine ureigenste Beschäftigung. Seine Suche ist flott, energisch, weitausholend und ausdauernd. Sein Benehmen am Wild kann ähnlich dem des Pointers sein, aber auch ein katzenhaft vorsichtiges Anschleichen und Zusammenrutschen in Vorliegepose. Der Ire ist höher auf den Läufen als sein Vetter, der weiße Englishsetter, und hat nicht dessen raubtierhaften, schmiegsamen, weichen Sprung. Nicht immer trägt der Irishsetter die Nase hoch im Wind, wenn er seine Schleifen zieht, es kommt auf Boden und Windverhältnisse an. Gerät er in den Bereich von Wildwittrung, wird sein Galopp langsamer; dann zieht er in behutsam gesetzten Paradeschritten, als wolle er jedes Geräusch vermeiden, zielstrebig den Kopf erhoben, dem Versteck des Wildes entgegen, wird lang und verhofft dann endgültig in gestreckter, angespannter Vorstehpose. Ein prächtiger Anblick! Die Nasenflügel sind weit geöffnet, halten den Duft fest, die Augen glühen vor Leidenschaft: Vollblutjäger sind sie, die roten Rebellen. Trotz aller Verzauberung durch das Wild wendet der Ire ganz sachte den Kopf in Richtung seines Herrn, aber nur so weit, daß die Nase noch im Wind in der Wittrung hängenbleibt, und sucht Augenverbindung mit seinem Führer. Einen innigeren Vertrauensbeweis echter Kumpanei kann es wohl kaum geben, als dieses Heranweisen mit den Augen – dieses gemeinsame Jagen-Wollen!
Der Irishsetter ist ein selbstbewußter Hund und will beachtet sein. Er lernt gern und willig und vergißt nicht so leicht. Wenn er aus guter Zucht stammt und ihm eine verständige Erziehung und Ausbildung zuteil wird, die auf seine spezielle Rasseneigenart eingeht, wird er ein verläßlicher und freudiger Apporteur zu Wasser und zu Lande.
Der Irishsetter ist zwar ein gemütvoller und verträglicher Hund, fühlt er aber seinen Eigentumsbereich, Haus und Grundstück, oder gar seinen geliebten Menschen bedroht, kann er blitzschnell zum ernsthaften Verteidiger werden.
In vielen allgemeinen Hundebüchern ist zu lesen, daß Irishsetter schwer zu führen und eigensinnig seien. Dieser Rufmord wird leider von einem Autor zum anderen weitergereicht; jeder schreibt vom anderen diesen Unsinn ab, ohne die Rasse gründlich zu kennen.

Die Rassemerkmale des Irishsetters

Das allgemeine Erscheinungsbild zeigt einen rassig-eleganten, qualitätsvollen Hund mit freundlichem Ausdruck. Der Irishsetter ist von alters her ein kräftiger, großer Jagdhund und kein kleiner Haushund. Der Kopf ist edel geformt, lang und trocken; allzu schmale Köpfe sind nicht erwünscht.

Der Schädel ist zwischen den Behängen gut oval mit viel Platz für das Gehirn. Der Fang soll kräftig sein, lang und fast viereckig, mit straffer Belefzung.
Die Augenfarbe ist ein sattes Haselnußbraun, die Augen haben einen sympathischen, freundlichen Ausdruck.
Das Fell ist immer einfarbig mahagonifarben oder kastanienrot mit goldenem Schimmer, ohne jede Spur von Schwarz. Kleine weiße Abzeichen an Zehen, Brust und Stirn sind Erbe der weiß-roten Ahnen und disqualifizieren nicht. Das Haar des Irishsetters ist am Körper und Kopf glatt und fein, die Befederung am oberen Teil der Behänge ist lang und seidig, an der Rückseite der Läufe ebenfalls lang und fein, am Bauch ausreichend lang, damit sich eine hübsche Franse bildet, die sich über die Brust bis zur Kehle hin fortsetzen darf. Das mäßig lange Haar der Rute soll eine hübsche Fahne bilden.
Fehlerhaft sind wellige oder lockige Behaarung, helle Hosen, helle Augen, spitzer Fang.

Der Gordonsetter (Schottischer Setter)

Der stattliche Hund im rabenschwarz glänzenden Haarkleid mit den leuchtend kastanienroten Abzeichen an Kopf, Brust und Läufen stammt aus dem schottischen Hügelland. Er heißt nach einem seiner bekanntesten Züchter, Liebhaber und Förderer, dem Herzog Alexander von Gordon auf Schloß Fochabers in Banffshire. Eine strenge Rassentrennung, wie wir sie heute bei den Settern kennen und wie sie in der ganzen Welt eingehalten wird, gab es früher nicht. Ausschlaggebend für die Zuchtplanung und Auslese war stets die gute Arbeitsweise eines Hundes, nicht seine Haarfarbe. Die Trennung der Setter in drei konstante Rassen soll vor etwa 130 Jahren erfolgt sein. Um diese Zeit begannen sich in England, Irland und Schottland bodenständige Setter-Rassen zu entwickeln; Kreuzungen zwischen den Rassen sind nicht mehr erlaubt.
Beim Gordonsetter wird vermutet, daß er einen Spritzer Bloodhound-Blut mitbekommen hat, da er eine besondere Eignung für Nachsuche, ein kraftvolleres Gebäude, starke Knochen und einen schweren Kopf mit tiefer Belefzung zeigt. Bei der Haarfarbe, Black and Tan genannt, handelt es sich um eine sehr alte Jagdhundefärbung, wie sie z. B. auch die Brandlbracke hat.
Als gesichert darf man annehmen, daß der Gordonsetter – wie English- und Irishsetter – einmal mit Pointern gekreuzt worden war, denn auch

er zeigt eine sehr schöne Haltung beim Vorstehen und sekundiert meist aus Naturanlage.
Die Freunde des Gordonsetters rühmen außer seiner vielseitigen Jagdbegabung sein ausgeglichenes, würdevolles Wesen. Im Vergleich zu den anderen Setterrassen ist er am ehesten ein Einmannhund, der Fremden gegenüber Zurückhaltung zeigt und sich schwer anschließt; ein richtiger Solo-Jagdhund, der am liebsten allein mit und für seinen Herrn jagt, dem all seine ergebene Zuneigung gehört.

Die Rassemerkmale des Gordonsetters

Eleganter Hund mit ausgeglichenen Formen, rassig und würdevoll, eine kraftvolle Erscheinung. Kopf eher tief als breit, leicht gerundeter Schädel, zwischen den Behängen am breitesten. Kopf mit deutlich ausgeprägtem Stop; Fang lang und sehr kräftig; Behänge tief angesetzt und gut anliegend.
Tiefe Brust; gute Rippenwölbung; langer, trockener Hals; gut zurückliegende Schultern; ziemlich kurzer, gerader Rücken. Schulterhöhe für Rüden um 66 cm, für Hündinnen um 62 cm. Rute nicht länger als bis zum Sprunggelenk reichend; sie soll waagrecht, nie über der Rückenlinie getragen werden. Am Kopf, vorne an den Läufen und an den Spitzen der Behänge ist das Haar kurz und fein, an allen anderen Körperteilen mittellang, glatt anliegend und nicht gelockt oder gewellt. Befederung am oberen Teil der Behänge lang und seidig, an der Rückseite der Läufe lang und fein. Der Bauch ist ausreichend behaart, damit sich eine hübsche Franse bildet, die sich über die Brust bis zur Kehle fortsetzen darf. Die Rute ist mit einer hübschen Fahne geschmückt.
Die Farbe ist ein tief glänzendes Kohlschwarz, ohne den geringsten Rotschimmer; an Kopf, Hals und Läufen sind kastanienrote Abzeichen, die als Brand bezeichnet werden und klar abgegrenzt sein sollen. Über den Augen sollen zwei deutliche Markierungen, nicht größer als 2 cm im Durchmesser sein, an den Seiten des Fanges nicht über den Nasenrükken reichend, an Kehle und Brust zwei große, deutlich abgegrenzte Flekken. Der Brand kann an den Vorderläufen bis zu den Ellbogen, an den Hinterläufen und Oberschenkel bis zu den Kniegelenken und bis zum Waidloch reichen. Ein weißer Brustfleck ist erlaubt, je kleiner, desto besser.
Grobe Fehler: Unintelligenter Ausdruck, Bluthundtyp, spitzer Fang, Augen hell, Haarkleid zu lockig, ohne Glanz, gelber oder strohfarbener Brand, fehlende klare Abgrenzung zwischen den einzelnen Farben, weiße Pfoten, zuviel Weiß an der Brust, rostrote Haare im Schwarz.

Der Pointer

Auch er gehört zur Rassengruppe der englischen Vorstehhunde. Seine Heimat aber ist nicht Britannien. Englischem Züchtergeschick ist es jedoch gelungen, seine Gestalt zu veredeln und ihn als Jagdhund zu spezialisieren.
Die Urheimat des Pointers ist Spanien. Nach A. Jacobs „... gelangten im Laufe der Zeit durch Verdrängungszucht die Vorsteher zur Reinerbigkeit, und dies war schon um das Jahr 1200 in dem fest umrissenen Schlag der Braco de punte erreicht, den Ahnen unseres heutigen Pointers ...".
Dieser spanische Pointer soll damals schon, also lange vor dem Setter, ein verläßlicher, feinnasiger und vielseitiger Vorstehhund gewesen sein. Die Engländer lernten diese tüchtigen Hunde kennen, als sie während des Spanischen Erbfolgekrieges die Iberische Halbinsel besetzt hielten, und nahmen viele Hunde mit in ihre Heimat. Für englische Verhältnisse waren die Hunde jedoch zu langsam; man wollte sie schneller und flotter haben und kreuzte deshalb Meutehunde ein, um bessere Muskeln und besseres Gangwerk zu erzielen. Es gab viele Rückschläge, denn die Beimischung des Brackenblutes konnte nicht gutgehen. Trotzdem gelang es, den Pointer zu schaffen, wie wir ihn heute kennen: elegant, sehnig, formvollendet, das „Vollblut" unter den Jagdhunden.
Der Name Pointer soll von der Arbeitsweise des Hundes abgeleitet sein. Er sucht in schneller Gangart durchs offene Gelände und wird plötzlich zu einem „point", einem starren Punkt, wenn er Wild gefunden hat und dieses vorsteht. Nach Georg Keller ist es jedoch nur ein verunstalteter spanischer Name.
Vor etwa 120 Jahren eroberten sich die Pointer auch die Niederwildreviere auf dem Kontinent und in der übrigen Welt.
In England wurden und blieben sie völlig spezialisiert für Suchen/Finden und Vorstehen von Federwild. Sie dürfen nicht apportieren; dafür hat der Engländer den Retriever. Durch das Herunternehmen der Nase auf Wundgeläuf oder Wundspur bei Nachsuche des angeschossenen Wildes könnte der grandiose Stil dieses Spezialisten leiden. So wurde der Pointer für Höchstleistungen *vor* dem Schuß gezüchtet.
In anderen Ländern ist man nicht so ängstlich und verwendet diese guten Hunde auch zum Apportieren, was sie gerne tun. Der Pointer kann seine Fähigkeiten nur im offenen Gelände entfalten. Sein Stil bei der Arbeit hat etwas Resolutes, Selbstsicheres. Er zieht weit und sicher an und steht mit einem Ruck, wenn er sein Wild fest hat, während der mitsuchende Partner ebenso schlagartig sekundiert, also auch die Vorstehhaltung einnimmt, obwohl er selbst kein Wild in der Nase hat. Der Sekundant wartet regungslos so lange, bis vor dem Finder das Wild

hochgegangen ist, dann suchen alle Hunde wieder weiter. Der Stil des Pointers ist ganz anders als der aller Setter. Er soll niemals wie der Setter vorliegen, denn das ließe vermuten, daß er „überdressiert“ ist. Der Pointer kennt auch nicht das schlängelnde, katzenhaft spritzige Nachziehen am laufenden Federwild, das der Setter in vollendeter Geschmeidigkeit beherrscht. Beim Pointer ist alles zielsicher und bestimmt. Sobald er Wittrung empfängt, bleibt er aufrecht stehen. Auch der Pointer „kaut“ rhythmisch die Wittrung des Wildes.
Versucht das Wild, dem Hund aus dem Wind („aus der Nase“) zu laufen, zieht er ruckweise nach, unterbricht hin und wieder mit ein paar Sprüngen, als wolle er weitersuchen. Hat er das Wild wieder fest, folgt das überzeugende Markieren: Hier liegen die Hühner genau da, wo meine untrügliche Nase hinzeigt!

Abb. 2. Gemeinsames Wittern von Wild.

Pointer sind leichtführige Hunde, vorausgesetzt, sie haben einen verständigen Führer, der sie anleitet und sie nicht stur herumdressiert. Es sind vollwertige Jagdhunde, die in der Regel auch gerne ins Wasser gehen. In der kalten Jahreszeit wird sie der echte Hundefreund jedoch damit verschonen, denn alle englischen Vorstehhunde haben keine Unterwolle, da sie in ihrer Heimat nur im Felde verwendet werden und deshalb keine „wärmere Jacke“ brauchen.
Wie die Setter, sind auch die Pointer durchweg gutmütige, freundliche Geschöpfe und angenehme Hausgenossen.

Die Rassemerkmale des Pointers

Der Schädel ist von mittlerer Breite und im ausgeglichenen Verhältnis zum Vorderkopf; gut markierter Stop und ausgeprägtes Hinterhauptbein; Nase weich und feucht mit weit geöffneten Nasenlöchern; Fang etwas konkav in Nasenhöhe abschneidend, gut ausgeprägte Lefzen.

Die Augen sollen einen intelligenten, freundlichen Ausdruck haben, nicht scharf, starrend oder ängstlich; Augenfarbe haselnußfarben oder braun, je nach Farbe der Behaarung.
Die Behänge sind hoch angesetzt, mittellang und spitz auslaufend und liegen dicht am Kopf.
Gut gewölbte Rippen; die elegante Linienführung der Gesamterscheinung drückt vom Kopf bis zur Rute geschmeidige Kraft aus. Das Haar ist am ganzen Körper fein und kurz, fest und glatt mit ausgesprochenem Glanz. Die Grundfarbe des Fells ist Weiß mit größeren schwarzen, gelborangen oder braunen Platten; auch einfarbig schwarze, gelbe oder braune Färbung kommt vor. Beim Feldhund ist die weiße Grundfarbe beliebt, da er dann beim Suchen und Vorstehen im Gelände gut zu erkennen ist.
Die Rute ist von mittlerer Länge mit kräftigem Ansatz, nach der Spitze zu sich verjüngend und dicht behaart. Sie wird nie kupiert und soll in Höhe der Rückenlinie waagrecht ohne Krümmung nach oben getragen werden, während sie in der Bewegung lebhaft hin und her schlägt. Sie unterstützt gewissermaßen als Steuer rasche Wendungen und blitzschnelle Stopps, wenn der Hund Wild wittert und wie zur Bildsäule erstarrt steht. Bei Pointer und Setter ist Scherengebiß erwünscht, Zange erlaubt.
Grobe Fehler: Plumpes Gebäude, spitzer Fang, dicke Rute.

Paßt ein Setter oder Pointer zu mir?

In den vorhergehenden Kapiteln war zu lesen, daß diese Rassen eine ihrer Eigentümlichkeit gemäße Behandlung brauchen, daß es nicht einfach Hunde sind, die „vorne bellen und hinten wedeln", sondern ihrem ganzen Naturell nach eben Jagdhunde. Das muß vor allem der Hundeliebhaber bedenken, der von Wild und Jagd wenig Ahnung hat!
Ein Hund begleitet einen Menschen mindestens 10–15 Jahre. Deshalb steht hier vor allem meine eindringliche Gewissensfrage: Trauen Sie sich so viel Kenntnisse, Geduld und Ausdauer und die nötige Konsequenz zu, einen temperamentvollen Junghund zu erziehen? Haben Sie sich genügend informiert, beim Züchter Ihrer bevorzugten Rasse oder beim Verein, sind Sie bereit, Ihre ganze Freizeit auch wirklich vorbehaltlos Ihrem Vierbeiner zu widmen? Sind Sie sportlich genug, um bei jedem Wetter mehrere Stunden am Tag dem Hund zuliebe spazierenzugehen? Sind Sie sportlich genug, auf dem Fahrrad Touren zu unternehmen, um

dem Hund genügend Bewegungsmöglichkeiten zu bieten? Sie haben einen anspruchsvollen Hund, der seine Rechte verlangt, besonders was die für ihn so notwendige Bewegung anbetrifft.
Sie haben viele Pflichten und viel Verantwortung übernommen und Sie brauchen viel Geduld, Einfühlungsvermögen, Liebe und Zielstrebigkeit, um aus einem jungen Hund etwas Brauchbares zu machen. Gelingt Ihnen das, haben Sie einen Gefährten zur Seite, einen Prachtkerl, den Sie für nichts in der Welt mehr missen möchten.
Denken Sie immer daran, der Hund muß mindestens zweimal am Tag für mindestens 1 Stunde freie Bewegung haben, also ausgeführt werden, denn weder Hof noch Garten genügen und seien sie noch so groß! Viel, viel Bewegung ist ein Lebensbedürfnis unserer Rassen. Setter und Pointer sind im Haus angenehme, ruhige Hunde, wenn sie entsprechend beschäftigt werden, Auslaufmöglichkeit und regelmäßiges Lauftraining haben.
Sollten Sie romantisch veranlagt sein und beim Spazierengehen durch die Gegend träumen, dann wählen Sie auf keinen Fall eine Jagdhundrasse; das kann nicht gutgehen! Mit einem Jagdhund an der Seite muß man immer hellwach sein, denn seine Instinkte und Sinne sind es auch.
Kein Hund der Welt wird von alleine gehorsam; der Mensch muß sein Teil dazu beitragen, denn ein Hund ist immer das, was ein Mensch aus ihm macht.
Es kann nicht gutgehen, wenn z. B. ein Irishsetter nur seiner Schönheit wegen angeschafft wird. Jagdhunde sind Gebrauchshunde, immer bereit, etwas für ihren Herrn zu tun – und sei es nur, ihn begleiten zu dürfen, dabei zu sein!
Es liegt in der Natur des Hundes, sich dem Stärkeren im Rudel unterzuordnen; und der Stärkere sollte der (hoffentlich!) an Verstand überlegene Mensch sein.
Setter und Pointer, in unkundigen Händen und schlecht gehalten, können ohne weiteres nichtsnutzige Streuner und gefährliche Wilderer werden, wie andere vernachlässigte Hunde auch. Liebäugeln Sie bitte nicht von vornherein mit dem Gedanken, daß sich schon irgendwo ein Abrichter finden werde, der dem Hund gewisse Unarten, für die Sie alleine verantwortlich sind, austreiben kann. Sie würden Geld, Zeit und Mühe verschwenden, denn bei Ihnen, im alten Milieu, würde der Hund genau wieder das tun, was ihm beliebt.
Im Laufe der Jahre habe ich viele Menschen kennengelernt, die sich für unsere Rassen begeisterten; aber mindestens zwei Dritteln davon riet ich ab, nachdem ich gezielte Fragen gestellt hatte. Es kann nicht gutgehen, wenn jemand in einer wildreichen Gegend wohnt und weder Ahnung noch Talent hat, um einen großen Jagdhund zu erziehen. Ist da nicht ein netter Pudel, ein Collie oder ein ruhiger Neufundländer besser am Platz? Ohne Zweifel sind diese Rassen einfacher in Haltung und Erziehung.

Setter und Pointer eignen sich ebenfalls nicht als dekorative Begleiter neben dem Pferd. Der Reiter muß sich auf sein Pferd konzentrieren und kann den Hund nicht genügend beaufsichtigen, der dadurch zum Wildern verleitet werden kann.

Überlegungen und Vorbereitungen vor dem Kauf

Die ganze Familie muß sich auf den Hund freuen! Hunde spüren es, wenn jemand um sie ist, der sie nicht mag. Hunde brauchen eine harmonische Umwelt, genau wie kleine Kinder.

Wer zur Miete wohnt, braucht unbedingt die Erlaubnis des Hauswirts zur Hundehaltung, wenn dies nicht ausdrücklich im Mietvertrag gestattet ist. Es wäre weder für den Menschen noch für das Tier angenehm, wenn sie sich – kaum aneinander gewöhnt – wieder trennen müßten.

Wie sieht es mit Auslaufmöglichkeiten aus? Wo kann man jeden Tag ausgiebig mit dem Hund Gassigehen, abseits des Verkehrs und ohne mit dem Jagdgesetz in Konflikt zu geraten?

Was ist besser, Rüde oder Hündin? Hündinnen sind konzentrierter und lassen sich nicht so leicht ablenken. Nur zweimal im Jahr, wenn sie hitzig werden, interessieren sie sich fürs andere Hundegeschlecht. Rüden dagegen sind, das ist ihre Natur, in dieser Beziehung immer aktiv.

Wichtig ist auch der Platz für den Hund. Meist wird er als „pet", als Familienhund gehalten. So fühlt er sich am wohlsten, denn er will dabeisein und dazugehören. Hunde sind keine Einzelgänger, sondern Meutetiere.

Der Hundekorb oder das Liegebrett mit fester Matratze kommt grundsätzlich in den Raum, in dem sich Herrchen oder Frauchen vorwiegend aufhalten, und wird so aufgestellt, daß der Hund von seiner Ecke aus alles gut beobachten kann. Bodenzug und direkte Heizungswärme sind ungesund für ihn.

Praktischer ist für Welpen statt des Hundekorbes eine Zimmer-Hundehütte. Sie wird aus leichten Holzspanplatten gefertigt (ca. 75×75×75 cm) und mit einer Gitter- oder Lattentür versehen. Erst wenn das Nagebedürfnis abgeklungen ist (etwa nach dem 2. Zahnen), darf der Hund in einen schönen Hundekorb umziehen.

Außerdem braucht der Hund, seiner Größe angepaßt, einen Futternapf und eine Wasserschüssel, die nicht umfallen darf, einige waschbare Schlafdecken und viel hundegerechtes Spielzeug, z. B. Büffelhaut-Kau-Knochen.

Es ist Ihr Vorteil, wenn Sie dem Welpen seinen Platz, an dem er ausruhen und schlafen kann (und junge Hunde schlafen sehr viel), so angenehm wie möglich machen. Er zieht sich dann gerne dorthin zurück.

Welpe oder Junghund?

Nehmen Sie einen Welpen, denn er wird ganz „Ihr" Hund! So ein kleines Hundegeschöpf von 8, 9 oder 10 Wochen ist unverbildet, kennt nur die Geborgenheit heimatlicher Kinderstube, die Fürsorge der Mutterhündin, die muntere Schar der Geschwister und die liebevolle Betreuung von Züchterhand.
Bei einem älteren Hund wissen Sie oft kaum etwas von seinem Vorleben, wie er gehalten wurde, ob er Familienanschluß hatte, also den nötigen Kontakt mit Menschen, oder ob er seine Tage in eintöniger Zwingerhaft vertrauerte, weil niemand Zeit für ihn hatte. Der Zwingerhund muß sich erst mit allen neuen Eindrücken der Um- und Außenwelt auseinandersetzen und Erfahrungen sammeln, die der andere, jüngere Welpe längst besitzt. Ein Welpe wird all seine Anhänglichkeit an seine bisherige Meute in *der* Stunde auf Sie übertragen, in der Sie ihn liebevoll auf den Arm nehmen und heimbringen.
Nun zur Wahl des Welpen. Neugierig drängen sich die aufgeweckten, munteren Welpen um die Beine des fremden Menschen. Wer die Wahl hat, hat die Qual! Keinem Welpen sieht man an, ob er später ein großer Champion wird oder mittelmäßig bleibt. Welpenkauf ist immer Glückssache. Ob Sie nun den nehmen, der Ihnen als erster entgegenläuft, oder vielleicht den stilleren Welpen, der ruhig in seiner Ecke sitzt und die Geschehnisse ringsum mit Gelassenheit betrachtet (der Schein kann trügen, vielleicht ist er nur müde gespielt!), wichtig ist, daß der Welpe, der gesamte Wurf und die Mutterhündin einen gesunden Eindruck machen. Die Augen müssen klar und die Lider gut geschlossen sein, die Nase soll feucht schwarz glänzen und das Milchgebiß bereits Schere zeigen, d. h. die obere Zahnreihe der Schneidezähne muß die untere leicht decken.
Junge Irishsetter sind semmelgelb. Es dauert ein paar Monate, bis die Welpenwolle von dem langen Haar mit der schönen Mahagonifärbung abgelöst wird. Englishsetter kommen fast reinweiß zur Welt, die Tüpfelung erscheint erst später.
Der Züchter gibt den Käufern meistens einen Futterplan für die nächsten Tage und ein Futterpaket mit. Halten Sie sich daran, damit eine eventuelle Umstellung für den Magen und Darm des kleinen Hundes nicht zu kraß ausfällt.
Zum Welpen gehört der Impfpaß, aus dem hervorgeht, wann die erste Impfung erfolgt ist und wann die zweite fällig wird. Geimpft wird gegen Staupe, Leptospirose, Hepatitis und später gegen Tollwut.
Wichtig ist außerdem, wann und womit entwurmt worden ist, denn ein

Junghund sollte bis zum Alter von 1 Jahr in gewissen Abständen eine Wurmkur absolvieren. Man befragt am besten einen Tierarzt, der nach einer Kotuntersuchung entsprechende Mittel und Anweisungen gibt.
Der besorgte Züchter gibt Ihnen vielleicht noch eine Decke aus der Wurfkiste mit. Dieses Tuch mit dem heimatlichen Geruch legen Sie gleich ins Körbchen oder Kistchen, damit es für den Welpen nicht so fremd wirkt.
Zum Hund gehört die vom Züchter unterschriebene, vom Verein für Pointer und Setter ausgestellte Ahnentafel. Daraus ist die Abstammung väterlicher- und mütterlicherseits bis zurück zu den Ur-Ur-Großeltern ersichtlich. Wer sich für die noch weiter zurückliegende Verwandtschaft seines Hundes interessiert, kann beim Zuchtbuchamt Auskunft einholen.
Die Tätowierungsnummer des Hundes (im linken Behang) ist auf dem Abstammungsnachweis ebenfalls vermerkt.
Bleiben Sie mit dem Züchter in Kontakt und informieren Sie ihn über die Entwicklung des Hundes. Einen ernsthaften Züchter interessieren alle Erfolge und Mißerfolge, denn nur so kann er überblicken, ob eine Paarung gelungen ist.

So wird gefüttert

Ein paar Worte vorab: Hunde sind keine Müllschlucker, keine Abfallverwerter! Sobald Sie Hundebesitzer sind, müssen Sie die Ausgaben für den Hund im Haushalts-Etatplan einkalkulieren. Fleisch, Flocken, Hundekuchen, Mineralstoff-Vitamin-Präparate und vieles mehr kosten Geld. Doch dem Hundefreund ist die Fürsorge um das Wohlergehen seines Lieblings wichtiger.
Was der Hund nicht bekommen darf, sind Reste aus der menschlich verfeinerten Küche, alle scharfen Speisen, Suppen und Soßen und Kartoffeln. Auch Knochen sind kein Hundefutter, obwohl der Hund sie mag, weil sie nach Fleisch riechen. Vor allem vor Kotelettknochen und Geflügelknochen sei gewarnt. Erlaubt sind höchstens Kugelgelenke vom Kalb. Zweckmäßiger als die gefährliche Knochenfütterei sind die eigens für Hunde hergestellten Kauknochen aus Büffelhaut. Sie geben den Zähnen großartige Betätigung und sind leicht verdaulich.
Der Hund braucht Fleisch vom Rind und Kalb, kein Schweinefleisch. Gefüttert werden kann Muskelfleisch, Kopffleisch, Innereien wie Pansen, Herz und Leber (zuviel Herz verschiebt das Calcium/Phosphor-Verhält-

nis, zuviel Leber führt zu einem schädlichen Überangebot von Vitamin A). Abwechslung ist stets geboten. Beigaben sind Haferflocken, Matzinger®-Flocken oder gelegentlich Reis. Das Fleisch kann roh oder überbrüht gereicht werden; Hunde verdauen rohes Fleisch sehr gut, ihr Darm ist darauf eingerichtet. Beim wachsenden Hund soll das Verhältnis Fleisch und Beikost (Flocken) immer 2 : 1 sein.
Was an Gutem dem jungen Hund geboten wird, zahlt sich später aus; Versäumtes kann niemals aufgeholt werden. Einem schlecht aufgezogenen Setter wird man es zeitlebens an seinem stumpfen Fell anmerken.
Als Zusätze benötigt der Welpe unbedingt ein Mineralstoffpräparat mit Vitaminzusätzen (z. B. Welpi-Sal®, Asid über den Tierarzt erhältlich). Dieser Zusatz, regelmäßig und nach Anweisung verabreicht, garantiert für alle Nährstoffe, die der wachsende Hund für seine körperliche Entwicklung braucht. Vermeiden Sie wahllose Gaben von Vigantol, Lebertran und Futterkalk; sie könnten mehr schaden als nützen!
Mangelnder Appetit und Hauterkrankungen, aber auch Wachstumsstörungen und verminderte Widerstandsfähigkeit sind häufig auf falsche, zu einseitige Ernährung zurückzuführen.
Noch ein kleiner, aber wichtiger Hinweis: Was aus dem Kühlschrank kommt, ist für den Hund immer zu kalt! Er braucht sein Futter leicht angewärmt.

Beispiel eines Futterplanes für einen ca. 10 Wochen alten Welpen (Fütterung viermal täglich):

7 Uhr: Lauwarme Welpi®- oder Ipevet®-Milch, leicht angedickt mit Hundeflocken (z. B. Matzinger®) und einem rohen Eigelb.

11 Uhr: (Hauptmahlzeit): 2/3 Fleisch, 1/3 Flocken; das Fleisch klein schneiden, mal roh, mal kurz angekocht oder gedünstet; eine geriebene ungespritzte Möhre oder etwas Grünes (Salat, Schnittlauch) dazugeben, mit lauwarmer Knochenbrühe anfeuchten und 1/2 Tagesration Welpi-Sal® untermischen. Die Tagesration, je nach Alter und Gewicht, ist dem Paketaufdruck zu entnehmen oder vom Tierarzt zu erfahren.

17 Uhr: Wie mittags, dazu die 2. Hälfte des Mineralstoffpräparats.

20 Uhr: Trockenmahlzeit aus ein paar Hundekuchen oder ein Schälchen Welpi-Milch® mit Flocken.

Frisches Wasser muß immer bereitstehen. Reste in der Futterschüssel wandern sofort in die Mülltonne.

Bedenken wir immer, daß unser Hund vor allem ein Fleischfresser ist und füttern wir ihn entsprechend. Dem Fleisch, das wir unserem Hund bieten, fehlt manches, z. B. warmes Blut, Haut oder der Mageninhalt der Beutetiere, und so leuchtet ein, daß wir Zusätze reichen müssen, um Mangelerscheinungen nicht aufkommen zu lassen. Nicht nur der wach-

sende Hund braucht deshalb Mineralstoffe und zusätzliche Vitamine, sondern auch der ältere, erwachsene Hund, und zwar zeitlebens.
Ein Wort zu dem reichlichen Angebot an Dosenfutter und Fertigfutter: Die Qualität wurde in den letzten Jahren wesentlich verbessert, aber Konserve bleibt Konserve – möchten Sie immer aus der Dose verpflegt werden? Zwischendurch und auf Reisen aber kann es sehr praktisch sein.
Wenn der Welpe Äpfel mag, darf er sie knabbern, soviel er will. Vorsicht aber bei Steinobst, die Kerne müssen vorher raus! Obst, Möhren und Grünes benötigt der Hund weniger wegen der Vitamine, sondern als Ballaststoffe für die Verdauung. Die Gemüsebeigaben nicht übertreiben, 1 Löffel für den erwachsenen Hund genügt.
Ein Wort zur Kuhmilch. Kommen Sie nie auf die Idee, sie dem Hund mit Wasser verdünnt zu reichen. Die Muttermilch der Hündin weist 8% Fettgehalt auf, Kuhmilch nur etwa 3,5%. Zum Ausgleich gibt man auf ¾ Kuhmilch ¼ Dosenmilch.
Die Firmen Asid und Ipevet, neuerdings auch Milkivit bringen eine Hunde-Trocken-Nährmilch auf den Markt, die in der Zusammensetzung der Hundemuttermilch ähnlich ist. Damit können auch mutterlose Welpen aufgezogen werden. Dieses Milchpulver wird mit heißem Wasser angerührt und lauwarm gereicht. Es hat einen höheren Nährwert als Kuhmilch und wird von Hunden bestens vertragen.
Speisequark mittleren Fettgehaltes oder Dickmilch darf der Welpe ebenfalls bekommen, allerdings nicht zu oft, da der relativ hohe Phosphorgehalt sich ungünstig auf das Calcium/Phosphor-Verhältnis auswirkt.
Rohes Eigelb als Zusatz ist gut, Eiklar dagegen muß gekocht gegeben werden, weil es nur so verdaulich ist.

Fütterung des Junghundes und des erwachsenen Hundes

Wieviel soll der Hund bekommen? Er soll satt, aber nicht dick werden. Beim jungen Hund ist das Dickwerden kaum zu befürchten; er kann eine Periode durchmachen, wo man glaubt, er bestehe nur aus Haut, Knochen und Sehnen. Grundsätzlich gibt man so viel, wie der Hund in wenigen Minuten auffuttert. Bleibt etwas übrig, wird die nächste Ration gekürzt.
Vom 6.–12. Monat wird dreimal täglich gefüttert, davon sind 2 Fleischmahlzeiten. Der erwachsene Hund (erwachsen, d. h. körperlich ausgereift sind unsere Rassen mit 1½ bis 2 Jahren) muß nur noch einmal täglich ausreichend gefüttert werden. Zudem tut ihm ein Fastentag pro Woche recht gut; er läßt sich einschalten, wenn z. B. das Wetter schlecht ist und das Gassigehen notgedrungen etwas kürzer ausfallen muß. Wer den bettelnden Hundeaugen nicht widerstehen kann, gibt einmal in der Woche überbrühte Lunge als „Diät", denn sie hat wenig Nährwert.
Hunde sind Schlinger, wie ihre Ahnen, die Wölfe. Ein Rudeltier muß zusehen, wie es an der gemeinsamen Beute rasch satt wird. Dieses hastige

Schlingen haben viele Hunde beibehalten, obwohl ihnen keiner die Futterschüssel neidet.
Nach dem Füttern soll der Hund niemals herumtoben oder bewegt werden. Er muß sich zur Verdauung niederlegen, wie es auch der Wolf und der Wildhund machen. Ein voller Hundemagen überschlägt und verdreht sich leicht bei starker Bewegung oder bei Sprüngen, was zu einer Magendrehung (rasches Auftreiben des Bauches, rasche Hinfälligkeit) führen kann. Durch eine sofort eingeleitete Operation kann der Tierarzt den Hund oft noch retten.
Hunde, die tagsüber viel laufen dürfen, ausgedehnte Spaziergänge machen, Begleiter neben dem Fahrrad sind oder trainiert werden für Jagd und Prüfungen, die füttert man am besten abends, da sie dann leichter und besser verdauen.
Auch für den erwachsenen Hund ist Fleisch die wichtigste Nahrung, Flocken, etwas Gemüse usw. sind notwendige Zusätze. Ein ausgewachsener Pointer oder Setter benötigt ungefähr so viel frisches Fleisch, wie in unseren beiden gewölbten Händen gut gehäuft Platz hat; bei sehr viel Arbeit etwas mehr, bei Ruhe etwas weniger.
Mischen wir das Futter selbst, ist es – vor allem im Winter – angebracht, 1 Löffel gute Margarine, Leinöl, Speiseöl oder Butter beizugeben. Ein Stückchen milder Käse schadet dem Hund nie und ist gut für die Verdauung.

Ein Welpe im Haus

Die ersten Nächte und die Stubenreinheit

In den ersten paar Nächten im neuen Heim überkommt den Kleinen oft die große Verlassenheit. Das läßt sich vermeiden, wenn sein Hüttchen neben dem Bett von Herrchen oder Frauchen steht. Ein paar beruhigende Worte geflüstert, die Hand zwischen die Latten gesteckt, damit Hundchen deren Wärme spürt und schnuppern kann, und schon fühlt es sich nicht mehr so einsam. Seine ganze Seligkeit ist es, dem Menschen immer nahe sein zu dürfen. Das müssen wir einsehen und stets bedenken!
Die Stubenreinheit ist bei einem gesunden Hund kein Problem, wenn nur einige wesentliche Punkte vom Betreuer genau beachtet werden. Ein Hund „muß" immer dann, wenn er erwacht und wenn er gerade gefressen hat. Doch auch sonst heißt es aufpassen, denn ehe ein Bächlein fließt, geht ein bestimmtes Zeremoniell voraus. Der Hund wird unruhig,

sucht kreisend ein geeignetes Fleckchen und macht mit dem Hintergestell bereits Andeutungen zum Setzen, dabei schlägt das dünne Schwänzchen Alarm. Wenn es auf dem Teppich passiert, dann bestimmt nicht, um Frauchen zu ärgern, sondern weil alles Weiche für ihn Grasersatz bedeutet und dort das Wässerlein versickern kann.
So weit muß es aber gar nicht kommen, wenn der Mensch aufpaßt und mit dem Welpen rechtzeitig ins Freie geht. Sehr einfach ist es bei Erdgeschoßwohnungen. Wir locken und rufen den Welpen bei seinem Namen und gehen ihm voraus. Er wird uns nachlaufen, draußen Grasplatz oder Sandstelle aufsuchen und sich entleeren. Wir bleiben ruhig bei ihm stehen und loben sehr. Gemeinsam geht es ins Haus zurück.
So verfahren wir bei jedem Aufwachen, nach dem Füttern und zwischendurch, und wir werden sehen, daß nach wenigen Tagen der Eingewöhnung unser Hundchen in Richtung Türe tapst und hinaus will, wenn sich bei ihm ein Bedürfnis meldet. Wir begleiten es und loben wieder sehr.
Sollte trotzdem, weil wir nicht aufpaßten, ein Wässerlein in der Wohnung geflossen sein, machen wir daraus kein Drama! Aufwischen und mit Raumspray besprühen, dann ist der Geruch verschwunden und der kleine Hund wird nicht verführt, „es" an dieser Stelle nochmals zu tun. Auf keinen Fall hält man dem Hund eine Strafpredigt oder steckt ihm gar brutal die empfindliche Nase in die Pfütze. So wird kein Hund stubenrein, sondern handscheu gemacht!
Ein Hund ist pedantisch veranlagt, ein richtiges Gewohnheitstier, und seine Gewöhnung an Sauberkeit ist denkbar einfach. Es kommt nur auf die Konsequenz des Betreuers an.
Die bereits erwähnte Zimmer-Hundehütte als Schlafplatz hat hier noch einen weiteren Vorteil. Sobald sich der kleine Hund müde auf sein Lager zurückgezogen hat, schließen wir leise das Türchen. Es muß natürlich jemand in der Wohnung sein, der beobachtet, wenn der Hund wieder heraus will. Wie lange ein Hund tagsüber schläft, ist verschieden. Wenn wir das Türchen öffnen, wird uns der Welpe voller Freude begrüßen und uns ins Freie folgen. Ist er draußen naß geworden, reiben wir ihn sofort trocken.
Die Ausscheidungen kontrollieren wir ständig. Würstchenform mit feucht glänzendem Überzug ist richtig. Die Häufchen bringen wir sofort in die Mülltonne.
Ein Welpe wird selten die ganze Nacht durchschlafen. Spätestens mit Tagesanbruch meldet er sich. Jetzt heißt es für den Betreuer aufstehen und sich um den Hund kümmern!
Treppensteigen soll ein junger Hund noch nicht, er wird getragen. Wir nehmen ihn hoch und betten ihn so auf beide Arme, daß er sicher und ohne Angst an unserer Brust ruht. Kinder sollen keine Welpen tragen!

Körperpflege und was dazugehört

Ein paar Monate behält der junge Setter sein Welpenkleid, das sich wollig weich anfühlt, dann beginnt das Haar zu wachsen, mal im Nacken, mal an den Läufen oder auf dem Rücken, bis der Hund durchgefärbt ist. Die Fransen wachsen etwas später.
Mit einer nicht zu harten Borstenhaarbürste pflegen wir jeden Tag das Fell des Hundes mit und gegen den Strich. Mit einem Wolltuch reiben wir nach. Setterhaar und auch das kurzhaarige Pointerfell müssen immer einen seidigen Glanz haben.
Die Federn an den Läufen, die Brustfransen, die langen Haare an den Behängen und die Fahnenrute der Setter behandeln wir mit einer festen Borstenrundbürste.
Ein Hund, der vom Welpenalter an das Bürsten und Abreiben gewöhnt ist, wird sich diese tägliche Prozedur gerne gefallen lassen, vorausgesetzt, sie wird von ruhiger Hand ausgeführt. Kämmen ist weniger beliebt, den Kamm ersetzt besser die Rundbürste. Wenn man dabei immer nur kleine Schichten der langen Fransen in eine Hand nimmt, kann die andere sie bürsten, ohne daß es weh tut oder unnötig zupft. Beim erwachsenen Setter ist das Haar hinter den Behängen oft sehr dicht und verfilzt. Mit einem Trimm-Messer wird dieses unnütze Haar beseitigt, damit das Ohr besser anliegt und der Kopf schmäler wirkt. Auch die dichten Haarbüschel zwischen den Zehen werden beschnitten. Dabei wird das überflüssige Haar hochgezogen und mit stumpfer Schere entfernt. Der Hund muß ruhig halten, deshalb am besten dann schneiden, wenn er müde ist und nicht abgelenkt wird. Als letzter Pflegeschliff werden alle abstehenden Haare um den Ballen und die dicken „Socken" an der Ballen-Unterseite geschnitten. Jetzt wirkt der Lauf viel eleganter, außerdem trägt der Hund weniger Schmutz ins Haus. Nur im Winter belassen wir die Haare zwischen den Zehen, denn die Pfoten brauchen Kälteschutz. Arm dran sind Stadthunde, die im Winter im Streusalz gehen müssen. Reiben Sie vor dem Gassigehen die Ballen mit geschmeidigem Hirschtalg ein und waschen Sie danach das Salz mit lauem Wasser ab.
Die äußeren (sichtbaren) Gehörgänge reinigen wir regelmäßig mit einem in Kinder- oder Paraffinöl getauchten Wattestäbchen. Die Augen werden mit einem in lauwarmem Wasser angefeuchteten Leinenläppchen ausgerieben.
Baden ist eigentlich nicht nötig, aber wenn es schon sein muß, dann nimmt man am besten ein mildes Hundeshampoo. Ein warmes Bad zerstört beim Setterhaar für lange Zeit den schönen Glanz und nimmt das natürliche Hautfett. Anders ist es, wenn der Hund in sauberen, freien Gewässern planscht und schwimmt und sich dann wieder trocken läuft. Das schadet dem Fell nicht.

Hat sich ein kleiner Hund in seinem Tatendrang so beschmutzt, daß er gebadet werden muß, so ist es wichtig, daß er anschließend gut frottiert oder (falls er es verträgt) gefönt wird und eine Weile im warmen Zimmer bleibt, damit er sich nicht erkältet.
Eine Plage sind im Sommer die Zecken, auch Holzbock genannt. Es sind winzig kleine Milben, die an Gräsern oder Büschen sitzen und auf vorüberstreifende Tiere fallen. Sie bohren sich in die Haut ein und saugen Blut, bis sie dick angeschwollen sind, dann fallen sie ab. So ein blutgieriges Biest darf man nicht mit Gewalt abreißen, da sonst der Kopf mit den Zangen zurückbleibt und vereitern kann. Am besten erstickt man den Holzbock mit Öl oder Hautcreme und zieht ihn dann zwischen Daumen und Zeigefinger rechtsum drehend ab und vernichtet ihn.
Ab und zu wird auch Ihr peinlich saubergehaltener Hund einen Floh auffangen. Sie merken es, wenn er sich häufig kratzt.
Kämmen Sie gegen den Strich, bis Sie den Floh entdecken, packen und zerdrücken Sie ihn. Sollten es mehrere sein, hilft Wendelinuspulver oder ein spezielles Flohspray. Flöhe legen ihre Eier nicht am Hund, sondern in dessen Lager, in Ritzen und Spalten ab. Mit Spray oder einer wäßrigen Desinfektionslösung muß deshalb die ganze Umgebung des Hundes gründlich behandelt werden, damit die Bekämpfung erfolgreich ist. Flöhe sind vor allem deshalb gefährlich, weil sie die Zwischenwirte des Bandwurms sind.
Auch Haarlinge und Läuse kann der Hund mit nach Hause bringen. Auch dagegen hilft Flohspray und Puder. Die angebotenen „Floh-Halsbänder" sind nichts für junge Hunde.
Im Alter von 3–4 Monaten verliert der Hund allmählich sein Milchgebiß. Sollten die spitzen Eckzähne nicht von selber ausfallen, obwohl die neuen Zähne nachschieben, muß der Tierarzt eingreifen. Beim erwachsenen Hund ist Zahnkontrolle nötig. Wenn er unter üblem Mundgeruch leidet, ist meistens Zahnstein schuld. Zähneputzen mit Bürstchen und lauem Wasser lassen sich Hunde durchaus gefallen; starken Zahnsteinbefall kann nur der Tierarzt beseitigen.

Die Sache mit den Würmern

Die beste Pflege, das gehaltvollste Futter nützen dem kleinen Hund nichts, wenn er Würmer beherbergt, Darmschmarotzer, die ihm die besten Säfte abzapfen. Der gewissenhafte Züchter hat deshalb mindestens dreimal nach Angaben des Tierarztes entwurmt. Vor einer Imp-

fung soll, wenn nötig, entwurmt werden, denn eine Impfung kann unwirksam sein, wenn der Hund durch Wurmbefall geschwächt ist. Um ganz sicher zu sein, ob eine Wurmkur angebracht ist, sind mikroskopische Kotuntersuchungen anzuraten. Verabreichen Sie Wurmmittel nie unkontrolliert, sie könnten den Hund ruinieren. Befolgen Sie stets den Rat des Tierarztes, denn die Tiermedizin hat wirksame Mittel, die dem Alter und Gewicht des Hundes angepaßt sind.
Noch etwas dürfte interessieren: Nach neuesten Erkenntnissen der Wissenschaft ist der Haushund *kein* Toxoplasmose-Überträger!

Tierarzt und Schutzimpfungen

Sobald sich der Welpe bei Ihnen etwas eingelebt hat, machen Sie mit ihm einen kurzen Besuch beim Tierarzt. Glücklich ist, wer einen Hundefacharzt, einen Kleintierspezialisten, am Ort hat! Stellen Sie ihm den Hund vor, zeigen Sie den Impfpaß und fragen Sie, wann die nächste Impfung fällig ist. Er wird Sie speziell für Ihren Hund beraten und Ihnen wertvolle Hinweise und Hilfen zur Aufzucht und Pflege geben.
Es gibt 4 Infektionskrankheiten, die das Leben und die Gesundheit des Hundes bedrohen: Staupe, Hepatitis, Leptospirose und Tollwut. Als einzige vorbeugende, verläßliche Maßnahme haben sich die Schutzimpfungen erwiesen. Sie halten, einmal verabreicht, nicht lebenslang vor, sondern müssen regelmäßig wiederholt werden. Gegen Staupe und Hepatitis sind alle 2 Jahre, gegen Leptospirose jedes Jahr Wiederholungsimpfungen notwendig. Tollwut-Schutzimpfungen werden, je nach Impfstoff, alle 1–2 Jahre wiederholt. Sie sind für alle Hunde Pflicht, die an Ausstellungen und Prüfungen teilnehmen.
Alle Schutzimpfungen sollten für Hundehalter eine Selbstverständlichkeit sein – aus Liebe zum Hund!

Haftpflichtversicherung und Steuer

Denken Sie daran, daß Sie für jeden Schaden, den Ihr Hund anrichtet, aufkommen müssen. Das kann Sie wirtschaftlich ruinieren, wenn Sie keine Hundehalter-Haftpflicht-Versicherung haben.
Ist der Hund 4 Monate alt geworden, müssen Sie ihn beim zuständigen Steueramt anmelden. Sie bekommen dann jedes Jahr einen Steuerbescheid und müssen Hundesteuer bezahlen, die örtlich unterschiedlich hoch ist.

Spielzeug für den Hund

Welpen wollen spielen! Mit den Wurfgeschwistern kann er sich nicht mehr balgen, deshalb müssen wir Ersatz dafür bieten, wenn wir nicht selbst mit den spitzen Milchzähnchen in Berührung kommen wollen. Wenn der Hund beißen will, muß man ihn ablenken und ihm etwas zum Fangen und Zerreißen geben, denn dann läßt er andere Gegenstände in Ruhe.
Ein altes Stück Leinen, zu einem großen Knoten verschlungen (damit es nicht verschluckt werden kann), ist ein herrliches Spielzeug. Eine leere Schachtel ohne Drahtstifte läßt sich zerlegen, eine Pappdose mit Deckel, in der Hundekuchen klappern, beschäftigt eine Zeitlang. Ein rollender Apfel, eine Möhre, eine alte Semmel, ein frischer Büffelhautknochen oder ein Gelenkknochen sind Spielsachen, die Hundchen zum Fressen gern hat und die ihm die Langeweile vertreiben.
Je mehr „du-darfst-damit-spielen"-Gegenstände der Welpe bekommt, desto eher bleibt alles andere in der Wohnung verschont. Immer konsequent behandelt, versteht er bald, was erlaubt und was verboten ist.
An Dinge aus Schaumgummi, Plastik, Nylon oder Perlon darf er nicht heran, denn wenn er Stückchen davon schluckt, könnte er Schaden nehmen.
Junge Hunde wollen gerne ihre Kräfte messen und fordern zum „Tauziehen" auf, wenn sie einen Lappen oder Stock tragen. Gehen Sie auf dieses Spiel mit größter Vorsicht ein, ziehen Sie nicht ruckartig, lassen Sie den Hund gewinnen. Denn seine Kiefer sind noch weich, ein unglücklicher Stoß oder Ruck könnte die Stellung der Vorderzähne beeinträchtigen. Schärfen Sie auch Kindern ein, daß sie mit kleinen Hunden

keine solchen Spiele machen. Auch Steinewerfen kann gefährlich werden! Gemeinsame Spielchen mit einem weichen Ball (z. B. Tennisball) sind viel ungefährlicher; der Ball wird nach dem Spiel aber wieder sicher verwahrt, damit der Hund nicht darauf herumkaut. Kleine Kinder sollten sich nur unter Beobachtung Erwachsener mit dem Welpen beschäftigen dürfen. Viele Kinder (und leider auch Erwachsene) haben die alberne Manier, laut über Tiere zu lachen und alles drollig und spaßig zu finden. Eltern sollten ihren Sprößlingen beibringen, Tiere in ihrem Verhalten zu respektieren. Hunde mögen es nicht, wenn sie ausgelacht werden!

So lernt der Hund – so lehrt der Mensch

Mit Liebe allein ist noch aus keinem Hund etwas Brauchbares geworden. Ihn „anti-autoritär" aufwachsen zu lassen, wäre sogar gegen das Naturgesetz, er würde sich dabei in seiner Haut nicht wohlfühlen. Hunde sind gesellige Wesen, ihre Ahnen lebten in strenger sozialer Ordnung. Jäger sind sie alle, und um am Leben zu bleiben, müssen sie gemeinsam Beute machen. Im Rudel herrschen Zucht und Ordnung. Einem Jungwolf käme es kaum in den Sinn, sich dagegen aufzulehnen. Er braucht den Schutz des Rudels und muß sehr bald lernen, sich anzupassen.
Die Kindheit des Hundes, gemeint ist das Alter von etwa 10 Wochen bis etwa 6 Monaten, entscheidet darüber, ob aus dem Hund etwas Richtiges wird. In dieser Zeit ist es wichtig, daß der junge Hund engen Kontakt und grenzenloses Vertrauen zu dem Menschen hat, zu dem er gehört. Und dieser muß sich viel mit ihm beschäftigen, mit ihm spielen, ihn füttern, ihn mit-leben lassen, dann wird er ganz „sein" Hund.
Hunde, die in dieser so wichtigen Jugendperiode viel alleine in Zwingerhaft gehalten werden, gleichen dem menschlichen Kaspar Hauser, denn der Zwinger ist das Intelligenzgrab eines Hundes.
Der Alltag hat für unseren Welpen nicht nur heitere Spiele, sondern auch „Pfuis" bereit, und es gibt im Leben eines Hundes viele große und kleine „Pfuis"! Er muß Erfahrung sammeln, denn er lebt in der Welt des Menschen, die er oft schwer begreift und der er sich anpassen muß, aber er ist willig und lernt gern. Er will sich lenken lassen, deshalb braucht er einen vernünftigen, konsequenten Rudelführer, der nicht heute etwas erlaubt, das morgen verboten ist.
Erschweren wir dem Hund nicht das Zusammenleben mit uns, behandeln wir ihn immer gleich freundlich und gütig. Wenn er sich so verhält, wie wir es wünschen, spendieren wir ihm dafür Lob und Belohnung.

Wir gewöhnen den kleinen Hund an seinen Namen und rufen ihn öfters. Kommt er fröhlich und unbeschwert angesprungen, empfangen wir ihn vergnügt, freuen uns und reichen ab und zu auch ein Häppchen. Von Gehorsam kann noch keine Rede sein. Wir lassen den Hund nur angenehme Erfahrungen sammeln. Das bleibt in seinem Gedächtnis haften.
Hat der Junghund Langeweile und beginnt, an einem Stuhlbein o. ä. zu kauen, rufen wir streng „Pfui". Wenn das nicht genügt, gibt es beim nächsten Nageversuch zugleich mit dem Pfui einen Klaps mit einer gefalteten Zeitung. Meist hinterläßt dies sofort großen Eindruck. Es kommt aber vor, daß der Hund scharf beobachtet, unser Verhalten taxiert und ausprobiert, wie weit er gehen darf. Wir regen uns nicht auf, ergreifen den kleinen Missetäter im Nackenfell und schütteln ihn kurz, gerade so lange, wie unser scharfes „Pfui" dauert. Bei allen Pfuis nie ein Drama daraus machen, dem Hund keinen Vortrag halten, denn der Wortschwall verwirrt ihn.
Unser Verhalten ist maßgebend: Gutsein und viel Lob zur rechten Zeit beim erwünschten Benimm. Bei allem, was unerwünscht ist, setzt der sofortige Tadel ein. Eine Strafpredigt hinterher ist sinnlos. Das Hundekind kann seine Erfahrungen nur bei stets gleichbleibender Einwirkung und Behandlung unsererseits sammeln, es registriert sie und behält sie fest im Gedächtnis.

Die Ausrüstung des Hundes

Das erste Halsband braucht nicht wertvoll zu sein, denn der Welpe wächst rasch und braucht bald die nächste Größe. Ein einfaches Lederriemchen mit Schnalle dran, aber nicht würgend, genügt. Zum Halsband gehört eine feste und nicht zu kurze Führleine. Junge Hunde müssen heute beizeiten das Laufen an der Leine lernen, um nicht unter die Räder zu geraten. Für später kaufen wir noch eine „Feldleine", eine etwa 15 m lange, feste Schnur aus Perlon oder Nylon (kein Plastik, da zu starr!). Erstehen Sie auch gleich eine Hundepfeife mit einer Schnur dran zum Umhängen. Nehmen Sie eine Doppelpfeife, deren Töne sich gut abstimmen lassen.

Tafel 1
Oben: Englishsetter; unten: Irishsetter.

Freude am Tragen des ersten Halsbandes haben Hunde meist nicht. Sie kratzen und wollen das lästige Umhängsel wieder los sein. Dabei machen sie ein todunglückliches Gesicht. Dulden Sie nicht, daß der Hund jetzt ausgelacht wird!
Die Halsung darf nicht zu stramm sitzen, aber auch nicht zu locker. Man soll die Hand unterschieben können, dann ist es richtig. Daheim braucht der Hund keine Halsung, wir legen sie nur zum Gassigehen an. Bald läßt er dies gerne geschehen, weil es mit etwas Angenehmem verknüpft ist. Das Laufen an der Leine probieren wir erst daheim. Mit freundlichem Zureden macht es meistens keine Schwierigkeiten, ein vorgehaltener Leckerbissen kann alle Hemmungen rasch beseitigen.

Gemeinsame Spaziergänge

Mit Geduld klappt bald das Mitlaufen an der Leine an unserer linken Seite. Mehrere kurze Spaziergänge am Tag sind für den heranwachsenden Hund gesünder als lange, die ihn überanstrengen. Ein junger Hund soll sich beizeiten mit der Umwelt vertraut machen. Deshalb gehen wir mit ihm in die Natur. Irgendwo finden sich stille Wege, wo ein kleiner Hund frei laufen darf. Die Betonung liegt auf *frei,* also ohne Leine und an Orten, wo wenig Störungen zu befürchten sind.
Dieses freie Begleitendürfen ist für den jungen Hund grundwichtig und entscheidend für sein ganzes Leben. Nur *der* Hund, der dies ausgiebig tun darf, erkennt nämlich den Menschen als seinen Leithund an, er wird ihm freiwillig überallhin folgen. Bedenken Sie aber, daß Sie sich einen Jagdhund als Begleiter ausgewählt haben, der auf Umweltreize der Natur anders reagiert als ein anderer Hund. Deshalb braucht gerade Ihr Hund eine sehr sorgfältige Erziehung. Und die beginnt beim Welpen und umfaßt die kritische Zeit bis zu etwa 7–8 Monaten und leitet über zur eigentlichen Abrichtung.
Die Kindheit ist entscheidend für den Hund. Wir haben es in der Hand, ob wir einen anhänglichen und lernwilligen Hund bekommen, der auf jeden Wink, Ruf oder Pfiff wie selbstverständlich gehorcht und sich freudig unterordnet.
Bei den Spaziergängen wird es passieren, daß unser Hund nicht gleich

Tafel 2
Oben: Pointer; unten: Gordonsetter.

nachkommt, weil er irgend etwas ausgiebig beschnuppern muß. Verstekken Sie sich rasch hinter einem Baum oder laufen Sie geduckt den Weg zurück (geduckt deshalb, weil Sie optisch für den Hund weiter entfernt sind), rufen Sie freundlich seinen Namen – er wird Sie vermissen und angesprungen kommen. Freuen Sie sich mit ihm über das Wiedersehen. Laufen Sie aber nie dem Hund nach; für ihn ist das ein lustiges Fangespiel. Daß wir als Oberhund Schwächen haben, darf er besser nicht erfahren.

Lassen Sie den Welpen, wenn er frei läuft, nie zu weit weg, sonst wird mit zunehmendem Alter die Distanz immer größer, die Bögen werden weiter und das ist nicht gut für den Gehorsam. Es ist so einfach, den Hund mit Geduld und Ausdauer daran zu gewöhnen, in der Nähe seines Menschen zu bleiben. Beim Spaziergang wird er oft herangerufen, und zwar immer dann, wenn er nicht abgelenkt ist und wir annehmen können, daß er sofort reagiert. Wenn er freudig angesprungen kommt, wird er gelobt und bekommt obendrein ein Häppchen. Solche täglichen Erlebnisse prägen sich fest ein.

Wir benutzen beim Heranrufen des Hundes die Hör- und Sichtzeichen, die wir später bei der Abrichtung verwenden und die für Jagdhunde gelten. Das ist einmal der Ruf „Hierher“, kombiniert mit seitlichem Winken des rechten Armes oder, statt des Rufes, ein paar schnelle, kurze „Tü-Tü“ aus der Pfeife.

Laufen Sie grundsätzlich nicht mit dem Hund über Äcker, wo Wild in den Schollen liegt; halten Sie sich auf den Wegen, dann macht das auch der Hund.

Wenn ein unternehmungslustiger, halbjähriger Setter oder Pointer beim Gassigehen immer wieder ausbrechen will in Büsche und Felder, rufen Sie scharf „Rrrraus“ und werfen ihm einen Erdknödel aufs Hinterteil. Der Hund wird erschrecken. Jetzt locken Sie ihn freundlich zu sich heran, denn bei Ihnen ist es immer gut! Und wenn Sie zwanzigmal beim Spazierengehen „Rrrraus“ rufen und ebensooft einen Erdknödel schleudern müßten, dann tun Sie es. Nur so begreift der Hund, was er darf und was nicht. In der Regel sind unsere Rassen sehr feinfühlig; sie brauchen nur eine feste, energische Hand, die sie mit liebevoller Strenge zu leiten weiß.

Begegnungen mit fremden Hunden

Junge Hunde geraten außer Rand und Band, wenn sie Artgenossen sehen. Dann wollen sie hin und mit ihnen spielen. Sie nähern sich fremden Hunden arglos, und es ist grundfalsch, solchen Treffen immer ängstlich auszuweichen. Dieser Geselligkeitstrieb gehört ins Junghundstadium. Wenn er unterdrückt wird, erziehen wir uns einen Killertyp, der das Verhalten seiner Artgenossen nicht kennt.

Natürlich lassen wir unseren Hund nicht zu jedem unbekannten Vierbei-

ner. Es gibt schlimme Raufer oder Einzelgänger, denen die freundlichen Annäherungsversuche eines harmlosen Junghundes mißfallen. Mit freundlichen, verträglichen Hunden aus unserem Bekanntenkreis dürfen wir den Kleinen nach Herzenslust toben lassen. Er braucht diese Bewegungsspiele.
Beim Spazierengehen müssen wir selbst immer voraussichern, um beim Entgegenkommen einer uns fremden Meute (Mensch und Hund) den eigenen Hund rechtzeitig herbeizurufen und anzuleinen.
Mit zunehmendem Alter lernt der Hund, daß ihn fremde Artgenossen nichts angehen, er darf und soll seine Bekanntschaften pflegen, das genügt.

Hund und Hausgeflügel

Federvieh kennenzulernen, dazu hat der Stadthund kaum Gelegenheit. Doch beim Spazierengehen oder im Urlaub kann es plötzlich Begegnungen mit Hausgeflügel aller Art geben. Gerät ein Junghund, der das Geflatter und Gegacker nicht kennt, plötzlich an eine Hühnerschar, die in Panik ausbricht, dann müßte es ein Waschlappen von Hund sein, wenn er nicht zwischen das kreischende Federvieh preschen und sich ein Huhn greifen würde! Dem erschrockenen Herrchen oder Frauchen bleibt nur eines – Ruhe bewahren und zahlen! Der Hund muß lernen, daß dies ein „Pfui" ist und wir keinen Wert auf fremde Hühner legen.
Wenn irgend möglich, gehen wir zu einem Geflügelhalter und bitten ihn, daß wir öfters mit dem angeleinten Hund und einer Tasche voll Hühnerfutter in den Auslauf dürfen. Ein wachsames Auge ist immer beim Hund, um jede Gier sofort mit scharfem „Pfui" und Ruck an der Leine tadeln zu können, jedes Ruhigverhalten ist „Brav". So streuen wir gelassen den Hühnern Futter und locken sie immer näher heran, bis wir mit dem kurzgefaßten Hund mitten in der pickenden Hühnerschar stehen. Sollte der Hund nicht artig sein, wird unser „Pfui" von einem Klaps mit einer gefalteten Zeitung unterstützt. Eine recht zahme Henne nehmen wir auf den Arm und lassen den Hund ausgiebig riechen (aber nicht von vorne, denn ein gezielter Schnabelhieb könnte auf Auge und Nase gehen!). Mit dem Beriechen des Huhns ist die Neugier gestillt, und wenn wir öfters mit dem Junghund einen Geflügelhof besuchen können, wird er rasch diese Tiere respektieren.
Ein Wort an die Jäger: Hat ein junger Jagdhund vor dieser Erziehung zur Geflügelfrommheit ein Huhn gerissen, dann darf es ihm nie um den Kopf geschlagen werden, denn was ein Junghund erlebt, haftet unauslöschlich in seinem Gedächtnis.
In meinen Abrichtelehrgängen (für Jagdhunde aller Rassen) habe ich wiederholt schlechte Federnfasser dabei, Hunde, die beim Bringen von kaltem und warmem Federwild Schwierigkeiten machen. Die Führer dieser Hunde geben zu, daß sie wegen Haushühnerreißens bestraft hätten.

Und weshalb wurden die Hunde zu Hühnerkillern? Weil sich kein Mensch fand, der ernsthaft mit Verstand und Herz die Erziehung in die Hand genommen hätte.

Kleiner Hund und fremde Menschen

Junge Hunde sind neugierig und laufen nicht nur auf andere Hunde, sondern auch auf fremde Menschen zu. Ersparen Sie sich Unannehmlichkeiten, besonders wenn der Hund verschmutzte Pfoten hat, rufen Sie ihn rechtzeitig zurück und nehmen Sie ihn lieber an die Leine. Je älter unser Hund wird, desto weniger soll er sich um wildfremde Leute kümmern. Daß ein kleiner Hund fremde Menschen unbeachtet läßt, ließe sich schnell erreichen, wenn sich die Passanten nicht um ihn scheren würden, wenn er ihnen kontaktfreudig entgegenläuft. So aber kann kaum einer einem jungen Hund widerstehen, und wir haben unsere Plage, bis der Hund begreift, daß wir dies nicht wünschen.
Besonders Kinder werden den Kleinen streicheln wollen. Das lassen wir ausnahmsweise geschehen und erhalten ihm den guten Benimm gegenüber Kindern. Unsere Rassen sind von Natur aus freundlich. Weil sie obendrein schön aussehen, wird es oft vorkommen, daß Kinder auch auf den erwachsenen Hund zulaufen, ihn bewundern und streicheln. Achten Sie aber darauf, daß der Hund nie schlechte Erfahrungen mit Kindern macht!

Unsere Rassen sind frühreif

Das betrifft die geistigen Eigenschaften; körperlich ausgereift sind sie aber erst mit 1½ bis 2 Jahren. Gewisse Anlagen, die wir wünschen, zeigen sich bereits im frühesten Alter. Eine dieser wertvollen Anlagen ist das Vorstehen, und zwar nicht nur auf Sicht, sondern auch unter Zuhilfenahme des Windes nach dem Geruch. Anlagen lassen sich nur entwickeln, wenn die Umwelt dafür die Voraussetzungen bietet. Es muß Federwild (Rebhühner) vorhanden sein; der Fasan ist nur Ersatz und für den Anfang gar nicht so sehr erwünscht. Der Führer muß seinen Hund so lenken und anleiten, daß er an dieses Wild herankommt. Im Alter von 14 Wochen, spätestens mit 4 bis 5 Monaten sind meine Junghunde perfekte Vorsteher und wissen ihr Näslein zu gebrauchen.
Auch die Anlage fürs Sekundieren ist früh erkennbar, wenn ein firmer älterer Hund dabei ist. Sekundieren ist eine wertvolle rassetypische Ei-

genschaft der englischen Vorstehhunde. Der Sekundant nimmt beim Anblick des vor dem Wind stehenden Partners schlagartig die Vorstehpose ein, ohne dabei selbst Wild zu wittern, und verhält sich regungslos, bis vor dem Finder das Wild abgestrichen ist.
Noch im frühen Junghundstadium soll bei unseren Rassen das Interesse für Federwild geweckt werden. Im Herbst oder im Vorfrühling gebe ich meinen Hunden viel Auslauf über leere Wiesen, denn darin halten sich gerne Rebhühner auf. Ab Februar paaren sie sich bereits und liegen dann vereinzelt versteckt zwischen Maulwurfshaufen und Grasbüscheln. Mit gutem Wind lasse ich die erfahrene Mutterhündin suchen; das Hundekind begleitet sie und weiß bald selber geschickt die Wittrung aus dem Wind abzufangen. Und wenn der kleine Hund feierlich seine gefundenen Hühner markiert, gehe ich langsam zu ihm hin, von der Seite kommend, damit er mich im Blickwinkel hat, und spreche beruhigend „So ist's braaav, steh und bleib". Dann nähere ich mich Schritt für Schritt der Stelle, wo die Hundenase hinzeigt und trete die Hühner heraus. Springt der Hund ihnen ein paar Sätze nach, ist das nicht schlimm, das wird später bei der Ausbildung behoben. Bei jedem Anziehen von Wittrung, beim Vorstehen und ruhigen Verweilen vor dem Wild wird der Hund sehr gelobt. Er muß dabei erfahren, daß sein Tun erwünscht ist. Und schon bald dreht er beim Markieren, wenn er also fest vorsteht und sicher sein Wild vor sich hat, sachte das Köpfchen und weist seinen Führer mit vielsagenden Blicken heran; gemeinsames, kameradschaftliches „Jagen" verbindet Herr und Hund.
Was ich in dieser Zeit ängstlich vermeide, sind Begegnungen mit Hasen. Wo ich solche vermute, läuft der Hund unbedingt an der langen Leine. Steht dann wirklich einmal ein Mümmelmann unverhofft auf und der Hund will ihm nach, ertönt ein scharfes „Nein". Ein Ruck an der Leine macht zudem klar, daß das Nachrennen hinter Hasen nicht erwünscht ist. Mehr kann man von einem jungen Hund nicht verlangen.
So „präge" ich meine Hunde, lange vor der eigentlichen Ausbildung, auf ihr klassisches Wild, die Rebhühner.
Was Sie als Jäger und Suchenführer bei einem Junghund niemals dulden dürfen, ist das Fangen von Feldmäusen und das Vorstehen von Mauselöchern. Die gehen einen Vorstehhund nichts an, sonst wird er zum Bodenschnüffler. Sobald sich ein Hund mit Mauselöchern beschäftigt, lenken wir ihn ab, spielen mit ihm, dirigieren ihn in eine andere Richtung. Befaßt er sich aber zu hingebungsvoll mit dem Unterirdischen, muß das „Pfui" verstärkt werden, unterstützt von einem Erdknödel. Wenn er bereits fest vor einem Mauseloch vorsteht, sind solche Strafen aber niemals anzuwenden. Ein Hund in Vorstehhaltung darf keinen Schock erleiden. Hier müssen wir ihn „abtragen", indem wir ihn unter der Brust fassen und einfach wegheben.

Setter und Pointer für Jäger und Nichtjäger

Meine Ausführungen erwecken bei Ihnen vielleicht den Eindruck, als seien sie nur auf die jagdliche Ausbildung zugeschnitten. Das stimmt nicht! Gerade der an Wild und Jagd nicht interessierte Hundefreund *muß* wissen, daß er einen Jagdhund besitzt.
Ob Sie Jagd und Jäger ablehnen oder nicht, als Setter- oder Pointerbesitzer müssen Sie zu einem Kompromiß bereit sein und sich zum einen für das Wild Ihrer Heimatflur interessieren, zum anderen Ihrem Hund unbedingten Gehorsam beibringen nach der für die Rasse geltenden Spezialausbildung mit absolutem Gehorsam vor dem Wild.
Die Sinne Ihres Hundes sind hellwach. Irgendwie und irgendwann trifft er mit Wild zusammen oder bleibt verzaubert vor einem Busch stehen, in dem sich ein Fasan versteckt. In solch einer Situation müssen Sie – wenigstens platonisch – zum Jäger werden. Sie müssen langsam und ruhig zum Busch hin, den Hund dabei beobachten und den Fasan „heraustreten", wie es in der Jägersprache heißt. Als Liebhaber dieser schönen Hunde sollte jeder den sportlichen Ehrgeiz aufbringen und dem Hund eine solide Abrichtung im Gehorsam angedeihen lassen. Das gilt für den Hund des Jägers genauso wie für den des Nichtjägers. Der Gehorsam für Schutzhunde, der auf den Übungsplätzen der Gebrauchs- und Schäferhundevereine gelehrt wird, reicht *nicht* aus für einen Jagdhund. Es ist eine solide, brauchbare Grundlage, aber es fehlt der Gehorsam bei Wildbegegnungen!
Besteht am Ort ein Jagdgebrauchshundeverein, der Abrichtelehrgänge abhält, so ist deren Besuch zu empfehlen, denn hier ist die Ausbildung auf Jagdhunderassen bezogen.
Der Hund des Liebhabers *kann* gar nicht gut genug im Gehorsam durchgearbeitet sein, der Hund des Jägers *muß* perfekt sein, sonst helfen die besten Anlagen nicht viel.
Vielleicht mache ich zaghaften Gemütern etwas Mut, ihren Hund auszubilden, wenn ich bekenne, daß ich keine Jägerin bin, keinen Jagdschein besitze, also auch kein Revier und keine Waffe. Dennoch führe ich meine Setter. In erster Linie sind sie für mich meine Gefährten, gehalten als vielgeliebte „pets", ich richte sie ab zu folgsamen Begleithunden und zu perfekten Feldspezialisten und Gebrauchshunden und führe sie auf den einschlägigen Suchen und Prüfungen des Zuchtvereins. Zur Jagdzeit im Herbst lernen meine Hunde gemeinsam mit mir bei Bekannten die praktische Seite des Waidwerks kennen; im Frühjahr übe ich mit Erlaubnis der Jagdpächter auf Wiesen und Feldern.

Hilfe, mein Hund jagt Vögel!

Einem jungen, energiegeladenen Jagdhund kann so allerlei einfallen, deshalb möchte ich vor der Meinung warnen, daß sich der Hund schon von alleine bessere, wenn er einmal „vernünftiger" sei!
Der 4 bis 5 Monate alte Junghund kann plötzlich anfangen, mit größter Hingabe und Ausdauer Vögel zu hetzen, die er sonst nicht beachtet hat. Wenn der „Vogel-Tick" kommt, ist alles angenehm, was draußen herumfliegt. Der Hund schaut verzückt jedem Vogel nach und ist richtig besessen. Er hetzt alles Gefiederte und bringt sich – vor allem in Straßennähe – in Gefahr. Vom Vogelhetzen zum Wildhetzen ist dann nur noch ein kleiner Schritt. Und gerade das muß jetzt unterbunden werden. Wenn der Hund von der Hetze zurückkommt, darf er jedoch nicht gestraft werden, er kann draußen angestellt haben, was er will. Beherrschen Sie sich, denn ein vertrauensvoll zurückkommender Hund muß grundsätzlich immer freundlich empfangen werden. Halten Sie ihm keinen Vortrag und keine Strafpredigt, er versteht Ihren Wortschwall nicht.
Ein Beispiel soll zeigen, wie Sie auf den Hund einwirken können, damit er diese Vogel-Hetz-Gelüste bleiben läßt und nicht mehr rückfällig wird.
Ich machte mit meinen Settern, Mutter und deren 7 Monate alter Tochter, die tägliche Radtour durchs Moos, die Hunde liefen frei voraus. Die Junghündin war frühreif und stand mit 4 Monaten bereits Federwild fest vor und sekundierte wunderbar. Ein Pfiff genügte und sie verhielt, wenn sie einen Hasen äugte. An diesem Tag war es windig. Eine Schar Saatkrähen wurde vom Wind tief herabgedrückt und mühte sich kreischend, wieder Auftrieb zu bekommen. Ich dachte nicht gleich daran, daß dies ein neuer Anblick für die Junghündin war; außerdem war sie bis jetzt kein Hetzer. Auf einmal tat das Settermädchen einen Jauchzer und war hinter den nieder streichenden Rabenvögeln her. Ein Bächlein nahm sie im Weitsprung und hetzte der schwarzen Schar nach über die Felder. In dieser Situation bloß keinen Hasen! Bald kam der rote Sausewind wieder angerannt, unverzüglich her zu mir, mit blitzenden Augen! Ich sagte gar nichts, sondern nahm die Kleine seelenruhig, als sei nichts geschehen, an die Leine und schob das Rad. Erst als keine Krähen mehr zu sehen waren, ließ ich sie wieder frei. Beim nächsten Ausgang mit den Hunden hatte ich mir eine Wurfkette, ein altes, zusammengebundenes Kettenhalsband, eingesteckt.
Bald strichen Krähen an und kreisten um ein Pappelwäldchen. Die Junghündin war frei, aber in meiner nächsten Nähe. Prompt setzte sie an zur Krähenhatz, und in dem Moment, als sie lang wurde zum ersten Galoppsprung, rief ich donnernd „Pfui" und zielte mit dem Wurfgeschoß auf ihr Hinterteil. Sie drehte erschrocken um und kam sofort zu mir, denn beim Frauchen ist es immer gut, da ist Schutz! Sie hatte wirkungsvoll erfah-

ren, daß Rabenhetzen „Pfui“ ist und weh tut. Noch am selben Tag, wenige Stunden später, nahm ich die Kleine an die lange Leine. Wir gingen über leere Wiesen, wo viele Krähen saßen und stocherten. Die Junghündin verhoffte staunend und markierte vorstehend auf Sicht. Aber die Spannung löste sich bald und die Rute pendelte verdächtig Alarm. Also aufgepaßt! Und als sie für meine Begriffe zu viel Feuer in den Augen hatte und immer schneller werden wollte, gab ich ihr einen Ruck mit der Leine, unterstützt mit „Pfui“, und rief sie zurück. Sie drehte auch gleich ab und eilte herbei.

Am nächsten Tag liefen die zwei Setter wieder vor dem Fahrrad frei voraus. Mit viel Geschrei strichen Krähen an und fielen in den kahlen Kronen der Eichen ein. Die junge Hündin riskierte einen Blick nach den schwarzen Vögeln, dann äugte sie zu mir. Wenn Hundeaugen sprechen könnten! Es stand darin vielsagend geschrieben: „Weiß schon, darf ich nicht, tu es auch nimmer!“ Ich hatte die Reaktion der Kleinen scharf beobachtet und mit der Wurfkette leise geklimpert – zur Warnung!

Ob des korrekten Verhaltens spendierte ich viel Lob, denn alles zur rechten Zeit, das große „Pfui“ und, wenn der Hund gehorcht, das große Lob.

Immer sofort an Ort und Stelle alle Unarten, alles, was unerwünscht ist im Verhalten des Hundes im Keime verleiden und nicht zur Gewohnheit werden lassen! Später verbieten wollen ist schwer. Und glauben Sie bitte nicht, daß ein Hund „von selber“ vernünftig wird!

Wenn der Junghund am Wege Vögel vorsteht

Nicht alle Hunde unserer Rassen gleichen sich in der Jugend. Das Gegenstück zum Vogelhetzer ist der Vogelmarkierer, dessen Sinn sich aber plötzlich ändern kann. Umgekehrt kann aber der Vogelhetzer, dem das Nachrennen sofort verleidet wurde, seinen Vorstehtrieb über Nacht entwickeln und nun zum fanatischen Vorsteher „aufs Auge“ werden. Dieses Vorstehen auf Sicht ist eine Seite, die andere ist das Vorstehen nach der Wittrung, die der Hund mit Hilfe der Nase findet.

Beim Spaziergang kann der kleine Hund auf einmal verhoffen, reglos stehenbleiben – ein Miniaturvorsteher in typischer Pose – und einen Vogel anstarren.

Dieses Markieren von Federtieren dürfen Sie dem Hund *niemals* verleiden oder ihn gar deswegen schimpfen, denn seiner Rasse nach ist er ein *Vorsteh*hund, und der Vogel am Weg ist für ihn nichts anderes als Wild-

Ersatz. Der schlummernde Vorstehtrieb wird beim Anblick der Amsel oder der Taube geweckt, sein Blut, sein Ahnenerbe zwingt ihn dazu. Freuen Sie sich mit Ihrem Hund, wenn er wie verzaubert vor einem Vogel verweilt, pflegen Sie diese Eigenschaft, es macht dem Hund Spaß und beschäftigt ihn, er fühlt sich als Jagdhund bestätigt.
Und so müssen Sie sich verhalten, denn Sie sind für den Hund der Jäger, dem das Wild gezeigt wird. Sie treten so an seine Seite, daß er Sie stets im Blickwinkel hat; dabei dürfen Sie keine hastige Bewegung machen, sonst könnte die Verzauberung des Hundes in Fangtrieb umschlagen. Solange der Vogel am Wege bleibt, wird der Hund stehen oder nachziehen. Greifen Sie sachte in seine Halsung und erzählen Sie ihm, was für ein tüchtiger Vorstehhund er ist. So haben Sie ihn gleich in der Hand, wenn der Vogel aufsteigt und fortfliegt und er nach will.
Dem Waidmann sei gesagt, daß er diese Eigenart des Sichtvorstehens auch bei seinem Junghund pflegen soll. Keine Sorge, sobald der Hund am Wild abgeführt ist, verliert sich das. Mit dem Sichtvorstehen verbunden ist meist das Umäugen, das Heranweisen des Herrn mit den Augen. Der Hund will ja nicht alleine jagen, sondern in Gemeinschaft mit seinem Herrn. Versteht der Mensch diese beredte Augensprache nicht, dieses Mitteilungsbedürfnis seines Hundes, geht eine sehr wertvolle Eigenschaft verloren. Der Hund „sagt“ ihm nichts mehr!
Ganz besonders die Setter sind begabt mit einer wunderbaren Ausdruckskraft ihrer schönen Augen. Man muß nur darauf eingehen, wenn sie etwas mitteilen wollen. Und wie sich ein verstandener Hund freuen kann – das zu erleben, wünsche ich jedem, der sich einen Setter oder Pointer erwählt hat!

Wenn der Hund verschluckt, was er findet

Eine sehr unangenehme Eigenschaft entwickeln Junghunde im Alter von etwa 5 Monaten. Sie klauben zusammen, was sie beim Gassigehen finden und ihnen freßbar erscheint. Da hilft meist kein „Pfui“, auch nicht beim noch so gehorsamen Hund. Er weicht geschickt aus, wenn er merkt, daß wir ihm seine Beute abnehmen wollen und würgt und schlingt sie ab. Zum Trost sei gesagt, daß diese seltsame Periode nicht lange dauert. Aber bis sie vorüber ist, steht man Ängste aus, weil man nie weiß, was für gefährliche Dinge der Hund im Fang hat.
Im Wolfsrudel würde der Jungwolf in diesem Alter wahrscheinlich beginnen, selber Jagd auf kleine Tiere zu machen oder in der Meute mitzu-

jagen. Daher wohl auch bei unserem Hund die Gier, zu erbeuten und zu verschlucken, was sich findet. Es ist sinnlos, einem jungen Hund nachzulaufen, um ihm den Fund abzujagen. Dann wird das, was er im Fang hat, erst recht interessant und bedeutungsvoll für ihn. Bieten Sie ihm ein Häppchen an, vielleicht läßt er sich seinen Fund dabei ablisten.
Es gibt aber auch junge Hunde, die mit allem, was sie aufklauben, vertrauensvoll angelaufen kommen und es gegen ein Häppchen austauschen.
Was tun, um den Hund vor gefährlichen Dingen in dieser Zeit zu bewahren? Am besten ist es, diplomatisch solche Gegenden zu meiden, wo Abfall herumliegt.
Nach Erfahrung des Verhaltensforschers E. Trumler macht ein Junghund in seinem Wachstumsstadium Perioden durch, die sich nicht mehr wiederholen. Ein Grund, warum wir rechtzeitig nützen müssen, was für uns von Vorteil ist, vor allem das Lernvermögen, das später nachläßt.
In diesem Alter entwickeln Junghunde nämlich auch recht willkommene Eigenschaften. Manche bieten sich an und wollen Gegenstände tragen, die uns gehören. Das ist nur ein Spiel, aber wir sollten es nutzen. Seit Jahrzehnten beobachte ich, daß meinen Junghunden ihre Apportierspiele immer dann einfallen, wenn wir vom Spaziergang heimkehren und ich sie, wegen der Straße, an die Leine nehmen muß. Jetzt verlangen sie nach einem Apportiergegenstand (einer „Beute"), den sie dann stolz nach Hause tragen. Dafür gibt es ein großes Lob. Sobald ein Junghund in dieses Stadium gelangt, habe ich immer etwas in der Tasche, einen Ball, einen Gänseflügel oder einen kleinen Hasenbalg, und natürlich auch einige Häppchen zum Belohnen.
Ob dieses Apportierspiel mit dem Urinstinkt der Wölfe zu tun hat? Es wiederholt sich bei jedem Junghund auf die gleiche Art. Ich habe bei meinen Hunden immer gute, verläßliche und vor allem freudige Apporteure von Wild und anderen Gegenständen; beim schulischen Erlernen des Apportierens gibt es nie Schwierigkeiten. Vielleicht hängt das zusammen mit dem Eingehen auf dieses „Heimkehr von der Jagd"-Spiel der jungen Hunde. Ich rate jedem, dessen Hund diese Anlage in früher Jugend zeigt, sie unbedingt zu fördern, dann gibt es später beim Lernen wenig Mühe.

Die Spezialausbildung zum absoluten Gehorsam

Wer einen jungen Pointer oder Setter um sich hat, erlebt täglich, wie anhänglich und liebenswert diese edlen Hunde sind. Hier soll nun dem Liebhaber und dem Jäger der Weg zur gründlichen Ausbildung seines Hundes aufgezeigt werden, denn nur ein gehorsamer Hund macht Freude, nur ein gehorsamer Hund wirbt für seine Rasse, und nur ein gehorsamer Hund kann dem Jäger helfen. Ein Hund, der sich freudig und willig unterordnet, ist ein ausgeglichener und zufriedener Hund.
Setter und Pointer sind keine unterwürfigen Landsknechtstypen, sondern selbstbewußte Hunde, vor allem die Iren. Dieses Selbstbewußtsein, diese Ausstrahlung einer Hundepersönlichkeit wird durch die Ausbildung auf keinen Fall genommen, im Gegenteil! Mit sehr viel verständiger Geduld und konsequenter Strenge haben wir das Hundekind bis jetzt erzogen, und es herrscht die beste partnerschaftliche Beziehung in unserer kleinen Meute. Auf dieser Basis wird aufgebaut, wobei wiederum Lob, Anerkennung und die Pfuis entsprechend gesetzt werden.
Die gesamte Abrichtung umfaßt insgesamt die drei Disziplinen „Sitz“, „Hereinkommen“ und „Down“; dazu kommt noch das Apportieren. Jede dieser Disziplinen gliedert sich auf in einzelne Teil-Leistungen. Würde eines dieser Teilchen übergangen, wäre ein Fehler im System. Jede einzelne Teil-Leistung muß abgeschlossen und perfekt gekonnt sein, ehe Neues hinzukommt. Es gibt nichts Schlimmeres als Pfuscherei am Hund.

So sag ich's meinem Hund – Sprache und Handbewegungen kombiniert

Der Hund lernt aufgrund seines ausgeprägten Erinnerungsvermögens. Das Geheimnis der gesamten Ausbildung liegt deshalb im ständigen Wiederholen des Erlernten, dessen Beherrschung wir vom Hund verlangen. Unsere Einwirkung erfolgt einmal durch das gesprochene Wort, das Hörzeichen, und zum anderen durch die gleichzeitige Unterstützung mit den Händen. Die Hände als Dolmetscher, als Begriffsvermittler, sind unbedingt notwendig für rasches Lernen und richtiges Verknüpfen im hundlichen Denken.
Der größte Fehler, den der Mensch bei der Hundeausbildung machen kann, ist zuvieles Reden ohne Zuhilfenahme der Hände, um den Hund in die gewünschte Stellung zu bringen. Wie leicht und schnell lernt ein Hund, wenn sein Führer das begriffen hat! Später kommen zu den Hörzeichen noch bestimmte Gesten dazu, Winken oder Heben des Arms, und der Hund wird auch auf Sichtzeichen eingestellt.
Wenn Sie beherzigen, daß der Wortbefehl zugleich von den Händen sinngemäß unterstützt werden muß, wird die Ausbildung Ihres Hundes viel Freude machen und zum Erfolg führen!

Die Ausbildung beginnt

Grundsatz für jedes systematische Üben mit dem Hund: Immer nur mit ihm arbeiten, wenn er sich vorher ausgelaufen und entleert hat und nicht unmittelbar vorher gefüttert wurde. Sie verlangen volle Konzentration vom Hund, Sie müssen aber auch konzentriert sein! Üben Sie nie mit dem Hund, wenn Sie nervös oder verärgert sind; schalten Sie alle unliebsamen Ereignisse des Tages ab. Als Trainingsort wählen Sie einen vertrauten Platz im Haus, im Garten oder später in der freien Natur, wo weder Kinder noch Tiere noch sonst etwas stören können. An Hilfsmitteln benötigen wir außer der Führleine eine etwa 3 m lange, feste Schnur und eine Feldleine von etwa 10 bis 15 m Länge. Merken und beherzigen Sie bitte, daß der Hund auch bei der einfachsten Übung immer angeleint sein muß. So paßt er einmal besser auf und kann nicht weglaufen, wenn's ihm keinen Spaß mehr macht.
Unser vierbeiniger „Abc-Schütze" ist etwa 5–6 Monate alt. Wir machen ihm das Lernen leicht und so, daß er rasch begreift, was wir von ihm wollen. Bei allem Ernst und Zwang, der dahinter steckt, soll der Hund Freude und Begeisterung zeigen, auch wenn er hin und wieder etwas bedrückt wirken sollte.
„Durch Zwang zur Freude", sagte Hegendorf, ein Altmeister der Jagdhundeabrichtung, der viel Verständnis für unsere Rassen hatte. Und der Verhaltensforscher Trumler drückt es so aus: „Wer freudig lernt, lernt leichter!"
Das ist die Abrichtemethode, an die wir uns halten. Ich praktiziere sie seit über 30 Jahren mit bestem Erfolg.

Die Disziplin „Sitz"

Wir haben den Hund angeleint und gehen ein Stück mit ihm geradeaus. Dann bleiben wir stehen, sagen gedehnt „Siiitz" und schieben ihn, die rechte Hand an seiner Brust, die linke über der Kruppe, langsam in die gewünschte Sitzstellung. Unser „Sitz" soll genau so lange gesprochen werden, wie das Schieben in die Sitzstellung beansprucht.
Weil der Hund lernt, wird der Auftrag, das Hörzeichen, langsam gegeben, unter Zuhilfenahme der Hände. Das gilt für alle Übungen. Auf Schnelligkeit arbeiten wir erst dann, wenn eine Disziplin bereits gut ausgeführt wird.
Haben wir den Schüler in die gewünschte Sitzstellung gebracht, schwe-

ben unsere Hände am Hund, eine über der Kruppe, die andere an seiner Brust, damit wir sofort korrigieren können, wenn er aufstehen will. Dabei wiederholen wir in kurzen Abständen immer im gleichen Tonfall „Sitz". Mit einem freundlichen „Komm" oder „Fuß" erlösen wir ihn aus der Sitzstellung und fordern ihn zum Mitlaufen neben uns auf. Nach etwa 10 m bleiben wir erneut stehen und wiederholen die Übung wie beschrieben. Zwischen jeder Übung werden dann die Gänge gemacht, damit sich der Hund entspannen und sammeln kann. Lernen ist anstrengend, deshalb üben wir nicht länger als 10 Minuten, dafür aber so oft am Tag wie möglich. Auch dies ist ein Grundsatz für die gesamte Ausbildung.

Sagen Sie zum Hund nicht „Schön Sitz", denn den Begriff „schön" versteht er nicht. Je mehr überflüssige Worte Sie verwenden, um so schwerer begreift der Hund. Deshalb erteilen wir anfangs die Hörzeichen gedehnt, aber immer im gleichen, festen, zwingenden Tonfall! Das Lob aber soll froh klingen, dafür dürfen Sie einen reichen Wortschwall entwickeln, denn der Ton macht die Musik! Denken Sie immer daran, daß der Hund bei allem unerbittlichen Zwang zur Unterordnung auch die Anerkennung braucht. Wenn Sie das erkannt haben und danach handeln, haben Sie die richtigen Voraussetzungen für einen Ausbilder.

Sitzen, Sitzenbleiben und Verleitungen

Verlangen Sie nie zuviel auf einmal vom Junghund, er kann nur aus Teil-Stücken lernen und kennt nicht den großen Zusammenhang. Von Anfang an sollten Sie keine Schlamperei dulden, auch die unscheinbarste Teil-Leistung ist wichtig.

Bald werden wir feststellen, daß unser Schüler willig ist und sich bereits in die gewünschte Sitzhaltung begibt, wenn unser gezischtes „Siii..." ertönt. Jetzt dürfen wir nicht meinen, das müßte immer so sein. Unsere Hände sind auf alle Fälle immer bereit, um sofort nachzuhelfen, und zwar genau in *dem* Augenblick, in dem wir den Sitzbefehl eventuell zum zweitenmal geben müßten.

Wir üben täglich die Gänge mit dem Hund und das Sitzen. Wenn er es recht gut macht, versuchen wir, uns ein paar Schritte von ihm zu entfernen. Dabei geben wir ständig den Sitzbefehl und heben zusätzlich als Sichtzeichen wie drohend den Zeigefinger der rechten Hand ungefähr in Brusthöhe. Wir bannen mit unserem Blick gewissermaßen den Hund, und auch er soll ganz Auge bei uns sein. Hält der Hund diese erste kleine Verleitung brav aus, treten wir zu ihm und loben sehr.

Steht er aber auf oder legt sich hin, ist dies für uns ein Zeichen, daß er noch nicht reif für Verleitungen ist. Wir machen sofort mit einfachen Übungen weiter, die der Hund sicher ausführt.

Den fortgeschrittenen Schüler umkreisen wir mit erhobenem Zeigefinger und achten darauf, daß die Leine vor ihm am Boden aufliegt, damit er

keinen Zug verspürt und aufsteht. Eine sehr starke Verleitung ist es, wenn wir unmittelbar hinter dem sitzenden Hund ruhig stehenbleiben oder ihn schnell umkreisen und in die Hände klatschen.
Vom Junghund wird nicht zuviel auf einmal verlangt oder er gar überfordert. Es dauert viele Tage systematischen Trainings, bis Sie dieses Pensum sicher geschafft haben. Erhalten Sie dem Schüler seine freudige Bereitschaft und spenden Sie viel Anerkennung.

Leinenführigkeit, Sitzen, Sitzenbleiben und Hereinkommen

An die Leine und das manierliche Laufen an unserer linken Seite haben wir bereits den Welpen gewöhnt. Die Leinenführigkeit gibt bei Jagdhunderassen oft Probleme auf, weil diese zu sehr auf Umweltreize reagieren und vom Führer wegstreben. Der Vorstehhund will ja vor seinem Herrn suchen. Zu einem gehorsamen Hund gehört aber, daß er nicht Ziehhund spielt. Die Leinenführigkeit üben wir künftig immer in Verbindung mit den anderen Disziplinen wie dem Sitzen. Bei jeder Änderung unserer Gangart, mal langsam, mal schneller, mal kehrt und links- oder rechtsum, geben wir dem Hund die Vorwarnung „Fuß", das bedeutet für ihn „aufgepaßt". Prellt er immer wieder vor, bekommt er zum energisch gesprochenen „Fuß" blitzschnell einen Gertenhieb über die Vorderläufe. Aber nicht mit der Gerte drohen und fuchteln – er soll sie gar nicht sehen. Sie wird deshalb versteckt an der rechten Seite getragen.
Je rascher und flotter Sie bei diesem Training marschieren, um so besser paßt der Hund auf. Er soll den Kopf dabei immer hoch tragen; muntern Sie ihn auf und denken Sie daran, daß er auch auf Ausstellungen gezeigt werden soll und dabei diszipliniert neben Ihnen laufen muß.
Wenn wir jetzt die Sitzübungen mit unserem Schüler durchführen, muß er völlige Konzentration zeigen. Er soll, solange er sich in dieser Sitzstellung befindet, also einen Auftrag von uns hat, keinen Blick mehr von uns lassen, den Kopf weder rechts noch links drehen, sich für nichts interessieren, was um ihn vorgeht, nur noch ganz Auge bei seinem Menschen sein. Wenn er den Kopf abdreht, rufen wir leise seinen Namen und drohen dabei mit dem Zeigefinger der rechten Hand. Das bedeutet ja „Sitz" und „aufpassen". Ganz schnell begreift der Hund, wenn sich der Ausbilder vor ihn hinkniet, mit der flachen Linken den Unterkiefer des Hundes erfaßt und den Kopf gerade dreht und nun Aug in Aug mit dem Hund ist. Der mahnende Zeigefinger erinnert an den Sitz-Auftrag. Hypnotisieren Sie Ihren Hund förmlich mit den Augen, damit er sich

Abb. 3. Kommando „Sitz". Der Hund muß sich ganz auf das Zeichen konzentrieren.

völlig auf Sie konzentriert. Wenn er bei diesen einfachen Übungen keine Aufmerksamkeit aufbringt, wie soll er das, wenn es schwierig wird?
Daß er sitzenbleiben muß, bis er durch unsere freundliche Aufforderung befreit wird, hat der Schüler gelernt. Wir können uns nun kurz entfernen, ihn umkreisen und kleine Verleitungen wagen. Steht er auf oder rutscht nach, dürfen wir ihm nie „Sitz" zurufen, sondern müssen zu ihm hingehen, ihn bei der Halsung ergreifen und zu der Stelle zurückbringen, die er regelwidrig verlassen hat. Dort wiederholen wir den energischen Sitzbefehl.
Das Sitzen ist eine wichtige Grundübung. Erst wenn es einwandfrei vom Hund beherrscht wird, kommt Neues dazu, das Hereinkommen. Dazu brauchen wir eine lange Leine anstelle der kurzen Führleine. Damit die Longe sich nicht verheddert, rollen wir sie zu einem Ball auf und lassen sie durch die Finger gleiten, wenn wir uns vom Hund entfernen. Es muß immer so viel Leine vor dem Hund herabhängen, daß sie nicht spannt; er könnte sonst einen Hautreiz durch den Ruck verspüren und aufstehen.
Der Hund erhält den Sitz-Befehl. Wir gehen rückwärts so weit von ihm weg, wie es die Longe erlaubt, bleiben dann ruhig stehen, den Zeigefinger erhoben. Regungslos uns beobachtend soll der Hund verharren. Dann strecken wir den rechten Arm seitwärts, rufen ermunternd „Hierher" und klopfen mehrmals an den Oberschenkel. Dabei dürfen wir uns leicht bücken, so daß wir für den Hund optisch noch viel weiter weg sind. Er wird freudig zu uns gesprungen kommen. Begreift er nicht gleich, locken wir und ziehen leicht an der Longe. Ist der Schüler dicht vor uns, schnellt der Zeigefinger hoch wie gewohnt zum Sitzzeichen.
Wenn der Hund aufmerksam sitzt, war er sehr brav und erhält viel Lob. Nach einer Weile folgt wieder eine Sitzübung und wir entfernen uns vom Hund. Es ist wichtig, daß wir eine kleine Pause einlegen, bevor wir den Hund hereinrufen, damit er nicht bereits unser Stehenbleiben als Aufforderung zum Kommen nimmt. Wir üben auch das Hereinkommen ohne Ruf, nur mit Armwink.
Künftig gehört auch die Hundepfeife zu unserer täglichen Ausrüstung, wenn wir mit dem Hund ins Freie gehen. Sie hängt griffbereit um den Hals.

Jagdhunde sind voll Temperament und sollen auf den Pfiff eingestellt werden, besonders wenn sie weitab von ihrem Führer sind. Bis jetzt kennt unser Hund das Hereinkommen auf unseren Ruf, auf Armwinken oder auf beides zusammen. Statt des „Hierher"-Rufes verwenden wir jetzt den leisen „Tü-Tü"-Doppelpfiff, den wir mit dem Armwink kombinieren. Das begreift der Hund rasch.
Hier noch einmal die Zusammenfassung dieser Übung an der langen Leine aus der Grundausgangsstellung „Sitz" heraus:
Unverzügliches Kommen auf Ruf mit Wink, Wink alleine, Ruf alleine, Doppelpfiff mit Wink, Doppelpfiff allein. Dabei wechseln wir immer ab.
Und weil der gelehrige Vierbeiner stets freundlich empfangen wird und wir ihm fürs rasche Kommen öfters ein Häppchen reichen, führt er diese so wichtige Disziplin gerne aus – und das ist unser Ziel.

Die lange Leine ist immer nützlich

An das Kommen auf Ruf, Pfiff und Wink ist der Hund gewöhnt. Der Erfolg hing zunächst von seinem guten Willen ab. Jetzt muß er lernen, daß er unbedingt gehorchen muß. Die Grundlage dazu haben wir mit dem Abrufen aus der Sitzstellung geschaffen. Die „Komm"-Übungen werden ständig erweitert. Der Hund läuft an der langen Leine. In Abständen rufen, pfeifen und winken wir ihn heran, und er muß schnellstens zu uns eilen. Er soll kurz vorsitzen, aber er muß es nicht immer. Unbedingt aber muß er so nahe zu uns herkommen, daß wir ihn kurz lobend streicheln können. Dann darf er wieder laufen.
Frisch gemähte Wiesen sind für dieses Training günstig, weil die lange Leine nicht hängenbleiben kann. Die Leine sollte dafür höchstens 20 m lang sein; noch länger empfiehlt sich nicht, da sie zu schwer wird.
Mit Hilfe der langen Leine haben wir den Hund großartig in der Hand und können sofort korrigieren. So überlegt sich z. B. der Hund einmal das Kommen, weil das Beriechen einer Stelle, an der am Morgen noch ein Hase saß, viel wichtiger ist. Bei unserem nun notwendigen zweiten Ruf oder Pfiff gibt es zugleich einen energischen Ruck an der Leine in unsere Richtung. Und wenn der Hund bei uns ist, war er wieder brav!
Mit Hilfe der langen Leine läßt sich der Gehorsam bei einem jungen Hund ungemein festigen, bereits eingeschlichene Fehler können korrigiert werden.
Wo immer Sie beim Spaziergang mit Wildbegegnungen rechnen müssen, gehört der Junghund an die Longe. So hat er Bewegung und kann trotz-

dem nichts anstellen. Jede dumme Hetze gefährdet das Leben des Hundes. Außerdem kann er ungeheuren Schaden anrichten, wenn er einen Unfall dabei verursacht. Das bisher Erlernte reicht noch lange nicht aus, um den Hund am Wild halten zu können.
Der Jägerführer benutzt eine lange Leine, um den Junghund frühzeitig an Federwild heranzuführen. Die lange Leine fördert das Vor- und Durchstehen, denn sie hindert den Hund am Einspringen und Nachprellen. Ein allzu stürmischer Kandidat, der die Hühner in der Nase hat, aber zu nahe aufrückt, wird an der Longe bedächtiger. Die lange Leine ist nützlich und unentbehrlich bei der Ausbildung. Bei sehr heftigen Hunden empfiehlt es sich, feste Handschuhe zu tragen, damit die Haut nicht in Fetzen geht, wenn der Hund zieht. Es gibt auch sensible Hunde, die an der Longe nicht laufen. Ihnen läßt man ein längeres Stück Schnur an der Halsung, bis sie sich daran gewöhnt haben.

Freilaufen neben dem Fahrrad

Das ideale Lauftraining für unsere Rassen ist das Galoppieren im Gelände. Wo dies möglich ist, ohne mit dem Jagdgesetz in Konflikt zu geraten, soll es dem Hund geboten werden. Ein vorzügliches Bewegungstraining im Flachland ist freies Laufen, also ohne Leine, als Begleiter des radelnden Menschen. Normales Fahrradtempo paßt sich großartig dem Laufrhythmus des Hundes an. Er kann traben, galoppieren, zur Abwechslung kurz am Wegrand verweilen und schnuppern und bleibt dennoch – weil wir per Rad schneller sind als zu Fuß – viel eher innerhalb unseres Einwirkungsbereiches.
Mit dem Fahrradtraining wird begonnen, wenn der Hund 7 Monate alt und gut leinenführig ist. Eines Tages schieben wir das Rad mit beim Gassigehen. Auf einem stillen Weg lassen wir den Hund frei laufen und besteigen das Rad. Wir fahren vorsichtig hinter dem Hund her, immer bereit zum Abspringen, falls er den radelnden Menschen lustig findet und scherzen möchte. Bald merkt der Hund, daß ihm dieses freie Bewegen vor dem Rad wohl bekommt, kann er sich doch nach Herzenslust auslaufen. Das stählt die Muskeln und gibt ein drahtiges Gebäude. Die ersten Radtouren müssen jedoch kurz sein. Wir steigen alle paar hundert Meter ab und machen kleine Pausen, denn überanstrengen dürfen wir den im Wachstum befindlichen Hund auf gar keinen Fall! Im Sommer wird nur in aller Frühe und spät abends geradelt, nie bei ansteigenden Tagestemperaturen.

Einem erwachsenen Setter, der von Jugend an an dieses Konditionstraining gewöhnt ist, können Sie keine größere Freude machen, als täglich 1–2 Stunden durch die Gegend zu radeln und ihn dabei frei laufen zu lassen. Wo Straßen gekreuzt werden oder wo auf kurzen Strecken mit Verkehr zu rechnen ist, wird der Hund angeleint und rechts neben dem Rad geführt, damit ihn überholende Fahrzeuge nicht gefährden. Längeres angeleintes Laufen am Rad auf verkehrsreichen Straßen ist ungesund und zu anstrengend für den Hund. Wertvoll ist nur das unangeleinte Laufen.

Die wichtigste Gehorsamsdisziplin: „Down"

Unsere Schule begann mit den Sitzübungen und wurde fortgesetzt mit dem Hereinkommen. Der Junghund ist nun etwa 7 bis 8 Monate alt und soll die wichtigste, allerwichtigste Disziplin erlernen, das Halten oder „Down" (sprich: daun; engl. = nieder) auf Trillerpfiff, Ruf oder Handzeichen.
Was bedeutet „Down"? Mit „Down" ist ein Hund in jeder nur möglichen Situation und auf jede Entfernung garantiert in der Hand, denn er stoppt im vollen Lauf und legt sich hin, sobald Pfiff oder Ruf ertönen. „Down" darf nicht mit „Platz" verwechselt werden. „Platz" bedeutet, daß der Hund daheim sein Lager oder Körbchen aufsuchen soll. Er kann sich dort so bequem hinlegen, wie es ihm beliebt, Hauptsache, er verläßt den Platz nicht.
Beim „Down" im Freien wird der Hund aus vollem Galopp urplötzlich gestoppt. Zwischen Ruf und Ausführung darf nicht die geringste Zeitlücke entstehen, denn in der Praxis würde der Hund dann hinter einem flüchtenden Wild durchgehen. „Down" ist etwas Absolutes, ohne jede Konzession und muß stets ganz korrekt ausgeführt werden.
Leider wird bei keiner Übung so viel gepfuscht wie bei dieser so bedeutungsvollen Unterordnungsleistung. Nichts ist schlimmer als ein in halber Abrichtung steckengebliebener Hund, denn der arme Kerl wird für Dinge „bestraft", die er nicht begriffen hat. Das Grundübel ist mangelnde Durcharbeitung von Anfang an. Für die Grundausbildung im „Down" sind mindestens 8 Wochen nötig, wenn mehrmals täglich jeweils ca. 15 Minuten lang geübt wird.

Der Hund lernt „Down“

So sieht die korrekte „Down“-Haltung aus: Der Hund liegt gerade gestreckt, die Hinterläufe fest am Körper angewinkelt, den Kopf flach zwischen den Vorderläufen am Boden.
Bei der „Down“-Schule sind Geduld, Ausdauer und Einfühlungsvermögen notwendig; man darf nicht verzweifeln, wenn der Hund sich nicht gleich so verhält, wie es uns vorschwebt. Manche Hunde reagieren verängstigt, legen sich seitwärts oder auf den Rücken oder schnappen. Lernen kann es jeder normale, gesunde Hund; ein Junghund von 7–8 Monaten ist dafür körperlich und geistig elastisch genug. Der Ausbilder muß nur seine Sache von Anfang an richtig machen!
Der Hund lernt „Down“ aus der ihm bekannnten Grundübung „Sitz“. Unsere linke Hand liegt zunächst flach auf seinem Nakken, die rechte umspannt die beiden Vorderläufe und zieht sie langsam nach vorne, während gleichzeitig die linke im Nacken nachschiebt. Dabei sagen wir das neue Hörzeichen „Down“, gedehnt, monoton, in strengem, drohendem Tonfall. In Zeitlupe wird der vierbeinige Schüler in die vorschriftsmäßige Downlage gebracht. Wir bleiben gebückt, unsere Hände schweben über ihm, bereit zum Korrigieren, falls es nötig wird. Mehrmals wiederholen wir im gleichen Tonfall unser drohendes „Down“. Dann wird der Hund aus seiner Unterwürfigkeitslage durch ein freundliches „Komm“ oder „Hier“ erlöst. Knappes Lob und kurzer Gang, damit er sich beruhigt und sammelt. Nach einer Pause wiederholen wir die Übung aus der Sitzstellung heraus. Wichtig ist, daß unsere Hände sofort korrigieren, wenn der Kopf hoch kommt oder die Hinterhand seitwärts rutscht. In der Down-Lage gibt es weder Lob noch eine Zurechtweisung, es gibt kein „schön Down“ oder „brav Down“. Wer so mit seinem Schüler spricht, hat Sinn und Zweck und den Ernst des Ganzen nicht erfaßt.

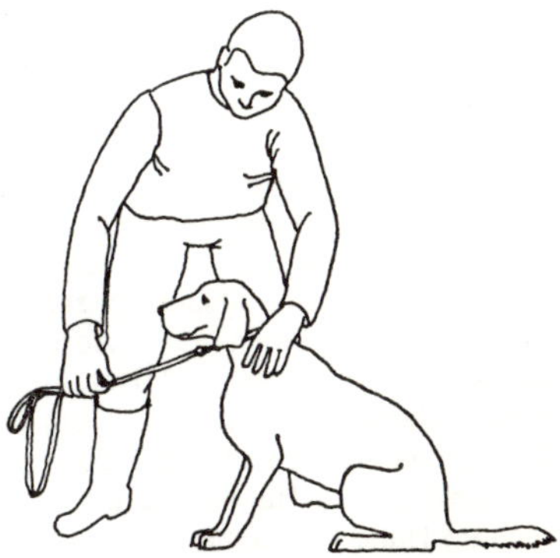

Abb. 4. „Down“ aus der Sitzhaltung; die Hand im Nacken des Hundes schiebt ihn langsam nach unten.

Am leichtesten lernt und begreift der Hund, wenn sein Meister die ersten Übungen sehr behutsam und im Zeitlupentempo mit ihm durchnimmt, denn dann weiß er genau, was von ihm erwartet wird. Bis „Down“ ganz gedehnt, mehrere Sekunden lang gesprochen ist, soll der Hund vorschriftsmäßig liegen. Dabei geben unsere Hände die nötigen Hilfen.

Abb. 8. Wird die Leine unter dem Schuh durchgezogen, kann der Hund rasch in die „Down"-Lage gebracht werden.

Die ersten Übungen entscheiden

Der perfekt abgerichtete Hund muß bei „Down" beim letzten Ton der Pfeife oder des Rufs bereits flach liegen, förmlich am Boden verschwunden sein. Das ist das Abrichteziel. „Down" ist wie eine Zaubermacht, mit der Sie Ihren Hund tatsächlich zeitlebens wunderbar in der Hand haben. Der Hund soll „Down" genauso selbstverständlich lernen und ausführen, wie z. B. das Sitzen und Hereinkommen, deshalb darf er nicht Angst haben, denn Angst ist immer ein schlechter Lehrmeister!
Gelingt es Ihnen nicht, bei den ersten „Down"-Übungen geschickt die Vorderläufe des Hundes zu umfassen, ergreifen Sie statt dessen mit der rechten Hand die Leine knapp unterhalb des Halses und ziehen so langsam schräg nach vorne. Die Linke bleibt im Nacken und schiebt nach.
Wenn Sie im Freien üben, wählen Sie zunächst glatte Wege ohne Grasbewuchs. Das erleichtert dem Hund das Ausharren, wenn er den Kopf zwischen den Vorderläufen belassen muß.
Vorsicht ist bei Nässe und Kälte geboten, denn junge Hunde erkälten sich leicht. Es genügt an solchen Tagen, wenn der Hund kurz die Down-Lage einnimmt, dann erlösen wir ihn sofort. Achten Sie unbedingt darauf, daß die Down-Haltung des Hundes von Anfang an korrekt ist. Der Kopf muß genau zwischen den Vorderläufen auf dem Boden liegen, die Hinterhand ist gerade ausgerichtet, der Hund muß in völliger Regungslosigkeit ausharren, bis wir ihn zum Aufstehen ermuntern. Nur so begreift er die Unterordnung, alles andere ist Zeitverschwendung und tierquälerische, sinnlose Pfuscherei.
Hier sei kurz erwähnt, daß später der abgerichtete Hund, der in allen Ablenkungen einwandfrei gehorchte, den Kopf frei erheben darf. Der Jagdhund soll sogar beobachten können, wohin das geschossene Wild fällt, damit die Nachsuche erleichtert wird. Der firme Hund darf allem flüchtigen Wild nachäugen, das er mit Halt quittiert hat.

Aber: Solange der Hund in der Ausbildung ist, an der kurzen oder langen Leine arbeitet, muß er unter allen Umständen die korrekte Downlage einnehmen. Das hat eine tiefere Bedeutung, denn der Schüler hat eine ganz andere „Dienstauffassung“, wenn er immer zur saubersten Ausführung des Erlernten angehalten wird.
Was ich Ihnen hier aufgebe, ist kein unnützer Abrichtezirkus, sondern der einzig gerechte Weg zum wirklich gehorsamen Hund. Nehmen Sie die ersten Zeitlupen-Übungen im „Down“ mit dem Hund sorgfältig durch, denn nur so schaffen Sie die Grundlage, auf der Sie weitermachen können.

Der „Down“-Kurs geht weiter

Zur bisherigen Reihenfolge der täglichen Abrichteübungen „Sitz“, „Sitzenbleiben“, „Hereinkommen“ kamen die ersten „Down“-Übungen, wobei zunächst noch immer mit den Händen die richtige Haltung unterstützt wurde. Ein richtig gearbeiteter Hund wird nach spätestens 1 Woche beim „Down“-Befehl bereits von selbst die richtige Lage einnehmen. Dafür gibt es nach Abschluß der Übung viel Lob; nie aber während der Übung loben, denn das würde den Hund in freudige Stimmung versetzen und zum Aufstehen verleiten.
Der Hund im „Down“ muß sich immer „unter Druck“ fühlen! Wenn wir beim „Down“-Befehl die rechte Hand zum Herabziehen der Läufe nicht mehr brauchen, verstärken wir den Druck der linken Hand im Nakken, damit die Ausführung immer rascher wird, der Hund immer schneller die korrekte Lage einnimmt. Macht der Hund beim Stilliegen, das unbedingt verlangt wird, keine Schwierigkeiten, bleibt der Kopf flach, umkreisen wir ihn unter drohendem, wiederholtem „Down“. Dabei strecken wir unseren rechten Arm ganz hoch über unseren Kopf hinaus, das ist das Sichtzeichen für „Down“, das wir jetzt mit dem Hörzeichen kombinieren.
Wir machen ähnliche Verleitungen wie schon beim Sitztraining, umkreisen ab und zu den liegenden Hund, klatschen dabei in die Hände, blei-

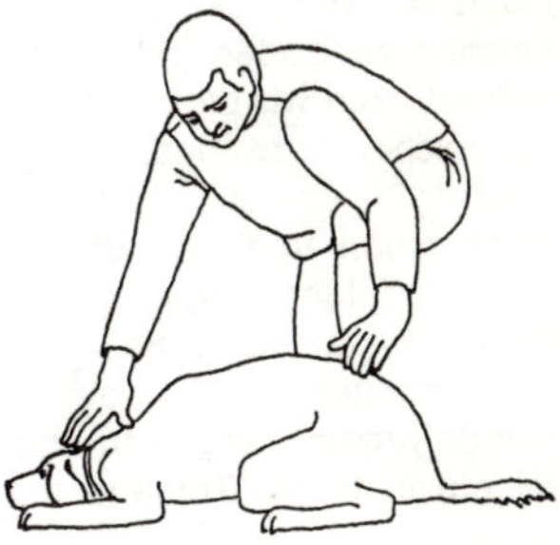

Abb. 6. Perfekte „Down“-Lage. Die Hände schweben über dem Hund, um jede Unkorrektheit sofort korrigieren zu können.

ben hinter ihm stehen und achten stets darauf, daß er sich nicht bewegt. Die geringste Nachlässigkeit, vor allem das Heben des Kopfes, muß sofort gerügt und mit Hilfe der Hände korrigiert werden.
Reagiert der Hund auf eines der Ablenkungsmanöver, ist er noch nicht richtig gearbeitet und wir greifen auf einfache Übungen zurück.

„Down" aus der Bewegung

Wir treten vor den sitzenden Hund, die Leinenschlaufe in der Hand, Zeigefinger erhoben („Sitz" und „Bleib"). Nach kleiner Pause schnellt plötzlich unser rechter Arm hoch, wir geben „Down"-Befehl und ziehen zugleich mit der linken Hand mit kurzem, aber schwungvollem Zug an der Leine abwärts – der Hund liegt flach. Diese Übung erweitern wir allmählich mit der langen Leine, erst nur auf kurze Entfernung, dann auf einige Meter und schließlich auf die ganze Longenlänge. Der Arm bleibt erhoben, solange der Hund liegt. Wir nähern uns dem Hund und wiederholen zum Sichtzeichen mehrmals auch das Hörzeichen.
Dicht vor dem Hund schlägt unsere Stimme und Haltung um zum freundlichen „Hier".
Wenn wir systematisch solche Teil-Leistungen aufgebaut haben, dürfte es kein Fehlverhalten geben. Sollte es doch mal nicht klappen, muß sich der Mensch fragen, was er falsch gemacht hat, warum sein Hund anders als erwartet reagiert. Der Ausbilder verhält sich dann richtig, wenn er in diesem Fall wieder mit den einfachen Grundübungen beginnt, um den Hund nicht zu verunsichern. Sind diese Übungen perfekt, wird Schritt für Schritt weitergearbeitet. Es ist gut, bei den täglichen, jeweils etwa 15 Minuten dauernden Übungen ständig abzuwechseln, damit der Hund nicht vorausberechnen kann, welche Übung kommt. Beim Arbeiten an der Longe holen wir mal den Hund ab, mal rufen oder pfeifen wir ihn herein.
Neu hinzu kommt jetzt „Down" aus der Bewegung; bis jetzt kann es unser Hund erst aus der Ausgangsstellung „Sitz". Wenn der Hund an unserer Seite läuft, sagen wir plötzlich „Down" und schieben ihn wie gewohnt mit der linken Hand nieder. Das trainieren wir fleißig, bis der Hund die Hilfe der Hand nicht mehr braucht und auf Sicht- oder Hörzeichen zu Boden geht. Das üben wir auch im Laufschritt. Wenn nötig, unterstützen wir die rasche Ausführung mit kurzem Leinenruck. Als neues Hörzeichen verwenden wir jetzt, auch mit Sichtzeichen, den kurzen Trillerpfiff. Pfeifen Sie nicht zu laut, wenn der Hund nah bei Ihnen ist, es ist nicht schön und tut nicht nur dem Hundeohr weh. Der Hund hört gut, wenn er folgerichtig eingearbeitet ist!
Im Laufe der Jahre habe ich mir zusätzlich zum Triller, der für größere Entfernungen gut ist, ein zweites Hörzeichen angewöhnt, auf das die Hunde prompt reagieren und das ich für kürzere Distanzen gebrauche. Es ist ein in hoher Tonlage mit der Zunge geschnalztes „Trrrr-t", das die

Hunde bis ca. 60 m Entfernung gut hören und das die Umwelt nicht stört. Je ruhiger und leiser die Führung ist, desto schöner!

Der letzte Schliff

Wir brauchen jetzt ein Hilfsmittel, das neu ist: die Korallenhalsung, ein Kettengliederhalsband mit stumpfen Stacheln, auch Torquatus genannt. Die „Koralle" muß locker um den Hundehals liegen, so daß eine Hand bequem untergeschoben werden kann. Bei Zug an der Leine drücken die Stacheln auf den Hals und veranlassen den Hund, sich sehr schnell in die gewünschte „Down"-Lage zu begeben. Das beeindruckt den jungen Hund sicher. Wir haben damit bei der strengen, unerbittlichen „Down"-Dressur etwas, womit wir uns Respekt verschaffen können, wenn wir Fehler und Nachlässigkeiten korrigieren müssen. Und Respekt soll der Hund vor der Koralle haben! Er hat ihn aber nicht, wenn die Koralle die Alltagshalsung ist, deshalb warne ich davor. Schön ist ein Hund damit obendrein nicht, außerdem entstellt sie den Hals.
Die Koralle wird so angelegt, daß die Stacheln im Nacken sitzen. Wir arbeiten das gesamte „Down"-Pensum von Anfang an durch und unterstützen durch Leinenzug und Druck auf die Koralle, so daß der Hund auf den „Down"-Befehl hin zusammenklappt wie ein Taschenmesser. Das gilt auch für das Üben an der langen Leine. Die Ausführung des „Down" kann nie zu schnell erfolgen. Wir lassen die Koralle weg, wenn der Hund willig, verläßlich und augenblicklich unseren „Down"-Befehlen nachkommt. Wir holen sie aber sofort wieder hervor und exerzieren mit umgelegter Koralle mit unserem Schüler, wenn er nachlässig wird.
Das Wesentliche bei der „Down"-Übung ist das blitzgeschwinde Zusammenklappen des Hundes, wenn er Ruf oder Triller vernimmt oder den erhobenen Arm eräugt.
Fehlverhalten des Führers ist es auf jeden Fall, den freudig herankommenden Hund, statt liebenswürdig zu empfangen, vor seinen Füßen in „Down"-Lage niederzubrüllen. Wenn sich der Hund von uns entfernt, müssen wir ihn halten können, und zwar in jeder Situation. Das muß nicht immer Wildbegegnung sein, so manchen Hund bewahrte der Triller davor, auf die Straße zu geraten und überfahren zu werden.

„Down" während des Freilaufens und vor Verleitungen

Bisher trainierten wir fleißig und unermüdlich mit unserem Hund, aber immer an der Leine. Im Vertrauen auf die korrekte Durcharbeitung lassen wir jetzt die Feldleine nachschleifen. Gelegentlich fliegt der Trillerpfiff, der auf den Hund wie ein Peitschenhieb wirken muß und ihn zu Boden wirft. So ist's richtig. Es darf keine Konzessionen, keine Lockerungen geben! Wir holen den liegenden Hund ab oder rufen ihn herein, immer abwechselnd, und sparen anschließend nicht mit Lob.

Bei jedem noch so kleinen Fehlverhalten nehmen wir ihn, ohne uns aufzuregen, an die kurze Leine mit der Koralle und lassen ihn einige „Down“-Übungen durchexerzieren, verstärkt durch einen Gertenhieb über die Schulter, wenn er nicht blitzschnell auf Befehl zusammenklappt.
Eines Tages lassen wir dem Hund statt der Feldleine nur noch ein Stück Schnur (ca. 2 m lang) an der Halsung; er fühlt sich damit noch angeleint. Läuft er beim Spaziergang voraus, trifft ihn der „Down“-Ruf oder -Pfiff. Wir werden registrieren, wie gut wir den Hund jetzt in der Hand haben.
Jetzt wagen wir die ersten Verleitungen, vorsichtshalber mit Feldleine und Koralle. Und so können die Verleitungen aussehen:
Wird ein Stück Papier vom Wind getrieben, dem der Hund interessiert nachschaut, vernimmt er den Triller – und liegt flach. Klappt das, dürfen wir uns gratulieren, aber nicht nachlässig werden. Es muß exakt weitergearbeitet werden.
Können wir in einen Hühnerhof gehen, lassen wir den Hund mitten zwischen dem Geflügel „Down“ machen. Ideal ist auch ein Garten mit zahmen Kaninchen. Der Hund darf und soll sie vorstehen; flüchten die Tiere, muß er in die „Down“-Lage, notfalls mit Hilfe der Koralle und eines Gertenhiebes. Eine großartige Gehorsamsschule ist ein „Kaninchengarten“ (s. S. 60)!
Wir können den Hund in die „Down“-Lage trillern, wenn ein anderes Familienmitglied ihn lockt und er gerade lospreschen will. Es kann sich auch ein Gehilfe hinter einem Busch gut verstecken und ein Hasenfell an einer Schnur über den Weg ziehen. Sobald der Hund es bemerkt, vernimmt er den „Down“-Befehl wie einen Donnerschlag.
An vielen großen und kleinen Verleitungen können wir testen, ob wir die „Down“-Dressur richtig gemacht oder gepfuscht haben.

„Down“ vor dem gesunden Wild – die Krone des Gehorsams

Der gut durchgearbeitete Hund ist gewöhnt, in vielen Situationen auf Triller, Ruf oder Sichtzeichen hin prompt in „Down“-Lage gehen zu müssen. Für einen jungen, unverdorbenen Hund, der das Hetzen von Wild nicht kennt, ist es gar nicht schwer, den unbedingten Gehorsam am Wild zu lernen. Die beste Zeit dafür ist das Frühjahr, wenn Hasen in den Schollen liegen oder über die Fluren treiben. Mit dem kurz angeleinten Hund (mit Koralle) geht der Jäger über die Felder und läßt gelegentlich „Down“ machen. Steht Wild auf, Hase oder Federwild, oder flüchtet ein Reh, heißt es „Down“. Wenn der Hund nicht augenblicklich am Boden verschwunden ist, helfen Koralle und Gerte nach. Ist der Hund mehrere Tage hindurch jedesmal verläßlich vor dem Wild zusammengeklappt, darf er fortan an der langen Leine laufen. Gehorcht er auch dann prompt, wenn Hasen verführerisch dicht vor ihm hoch werden, erhält er nur noch 2 m Schnur an der Halsung. Nun darf er mit gutem Wind quersuchen. Sein Führer ist der Mittelpunkt, in Seitenschlägen nach rechts und links

reviert der Hund. Und wenn er einen Hasen auf den Triller hin mit „Down“ quittiert hat, wird er – vorerst – abgeholt und für sein Verhalten gelobt. Wird der Hund nachlässig oder begleitet gar den Hasen, muß er danach sofort an die Leine. Koralle und Gerte belehren ihn mit Nachdruck, daß er den Triller zu befolgen hat. Es gibt kein „Pfui Hase“ oder „Pfui Reh“, sondern nur „Down“. Diesen Befehl aber hat der Hund sofort zu befolgen.
Der nichtjagende Hundefreund, der in wildreicher Gegend wohnt, braucht erst recht einen wildgehorsamen Hund und bekommt ihn, wenn er bei Spaziergängen gut aufpaßt und vor Verleitungen und plötzlich auftreten-

Abb. 7. „Down“ vor dem flüchtenden Hasen – Sinn und Zweck der ganzen Abrichtung. Der gut ausgebildete Hund darf dem Hasen nachäugen.

dem Wild den Hund rechtzeitig auf „Down“ niedertrillert. In dem Moment, in dem der Hund das Wild erblickt, muß ihn bereits der Triller erreichen, nicht erst dann, wenn er schon die Hetze aufgenommen hat – dann ist es zu spät! Auf Doppelpfiff, Wink oder Ruf unverzüglich hereinkommen, den „Down“-Befehl blitzgeschwind befolgen, das zeichnet den in allen Situationen absolut gehorsamen Hund aus.

Das Vorstehen

Das Paarhühnerfeld für den Jagdhund

Das klassische Wild für englische Vorstehhunde sind bekanntlich die Rebhühner. Sie leben in der offenen Landschaft, im Winter als Volk, auch

Kette genannt. Im Februar/März, wenn die Felder schneefrei werden, verpaaren sie sich.
Von März bis April ist die günstigste Zeit, einen Jährling auf seine Aufgabe als künftigen Jagdhund, speziell im Feld, vorzubereiten. Er erlernte zuerst den Gehorsam am Hasen, seine ererbten Anlagen wurden geweckt und gefördert. Der Führer leitet durch einen Wink den Hund an, zugewiesenes Gelände mit gutem Wind (Stirnwind) gründlich abzusuchen. Nur mit Hilfe des Windes kann die feine Hundenase die aufsteigende warme Körperwittrung von lebendem Wild registrieren, kann der Hund das Wild festmachen und durch Vorstehen, Durchstehen oder behutsames Nachziehen, wenn die Hühner laufen, seinem Führer optisch anzeigen. Abstreichendem Federwild darf der Hund nicht nachprellen, daran hindert ihn der Triller. Es gibt passionierte Junghunde, die weit das Wild anziehen, es in der Nase haben, aber nicht zum Vorstehen kommen, sondern heftig werden und es aus der Deckung werfen. Hier hilft die lange Feldleine und mehrmaliges kurzes „Antrillern", damit der Hund rechtzeitig verhält und das Durchstehen vor dem festliegenden Wild begreift. Dabei soll er die Nase im Wind lassen, nicht aus der Wittrung nehmen. Bei solchen Hunden hilft auch das Abrufen an der langen Leine, sobald sie heftig werden möchten, und vorsichtiges Aufrückenlassen.
Was unsere Hunde für ihre Spezialaufgaben im Feld (Suchen, Finden und Vorstehen von Federwild) garantiert verdirbt, das sind Hasenhetzen und das Ausschnüffeln von Gesundspuren von Hasen. Spurarbeit ist Gift für einen jungen englischen Vorstehhund! Hasen, die – auf ihre Schutzfärbung vertrauend – vor dem suchenden Hund liegenbleiben, darf der Hund vorstehen, denn das Markieren von gesundem Wild in der Deckung ist ja sein spezielles Aufgabengebiet und seine Rasseneigenart.

Der Kaninchengarten für den Hund des Nichtjägers

Der wahre Freund unserer Rassen gibt sich nicht zufrieden mit einer nur schönen äußeren Hülle, er wünscht einen Hund mit Inhalt, einen ganzen Kerl, der das ist, was seine Ahnen waren: ein Jagdhund. Es kann aber nicht jeder Jäger sein, und nicht jeder Jäger besitzt ein Revier. Der englische Abrichter P. R. A. Moxon hat aber vor einigen Jahren auch bei uns den „Hasengarten" bekannt gemacht.
Ein oder mehrere zahme Hauskaninchen, die in einem umzäunten Garten hoppeln, in dem Büsche oder etliche Reisighaufen Deckung bieten – das ist der ganze Aufwand. Wer selbst kein Grundstück besitzt, kennt vielleicht einen anderen Hundefreund am Ort, der ein passendes Gelände hat.
Ich habe Setter erlebt, die kein Wild kannten, aber die Kaninchen im Buschwerk herrlich vorstanden. Vor flüchtenden Kaninchen muß aber jeder Hund in „Down"-Lage gehen und ihren Anblick ruhig ertragen.

Haben sich die kleinen Flitzer wieder versteckt, darf der Hund suchen. Er tut's mit wahrer Hingabe und Begeisterung, für ihn ist es Wild, er sucht und steht vor, wie es ihm im Blute liegt. Holen Sie behutsam ein Kaninchen aus dem Reisig, befehlen Sie dem Hund energisch „Sitz“ und lassen Sie ihn das Tierchen ausgiebig beriechen, aber nicht greifen. Eine größere Freude als Jagdersatz können Sie als Nichtjäger dem Hund kaum bieten. Er darf seine Fähigkeiten entfalten und Sie festigen dabei seinen Gehorsam, weil er vor flüchtenden, springenden Kaninchen immer perfekt „Down“ gehen muß.

Das Apportieren

Beim Jagdhund gehört das Apportieren zur Arbeit „nach dem Schuß“; der Hund in Liebhaberhand soll es auch können, denn es ist eine sehr sinnvolle Beschäftigung. „Beute tragen“ wollen bereits Welpen, Junghunde bringen vom Spaziergang „Beute“ heim (s. S. 44). Auf diese angeborene Bringlust soll man unbedingt eingehen. Der angeleinte Hund bekommt auf dem Heimweg einen leichten Gegenstand, den er unter „Apport“ und viel Lob bis nach Hause tragen darf. Dort wird der Gegenstand gegen ein Häppchen ausgetauscht; man sagt schon jetzt „Aus“, das künftige Hörzeichen. Hier ist es noch ein Spiel; der Hund tut's, weil und solange es ihm Spaß macht. Um nicht von seinen Launen abhängig zu sein, muß er das Apportieren mit System erlernen. Ein Hund mit angeborener Bringlust kommt uns dabei sehr entgegen, wir müssen nur immer konsequent sein. Der Hund, der diese Apportierfreude nicht zeigt, weil wir sie vielleicht in den ersten Ansätzen übersehen oder gar unterdrückt haben, kann trotzdem zum guten Apporteur werden, denn Apportieren ist ein reines Lernfach!
Die ersten Bring-Übungsgegenstände müssen leicht sein, z. B. ein ausgedienter Lederhandschuh, ein Gänseflügel, eine dünne, mit Stoff umwickelte Papprolle, später ein leichter Hasenbalg oder ein Apportiersack. Letzteren können wir aus einem abgeschnittenen Hosenbein leicht selbst machen. In die Mitte kommt ein mit Fell umwickelter Holzstab als Griffstück, die Enden werden erst mit Holzwolle, dann mit Sand ausgestopft.

Apportier-Lehrgang in Teil-Leistungen

Einen Bring-Gegenstand im Fang dulden, dann halten und tragen und schließlich vom Boden aufnehmen, das sind die einzelnen Teil-Leistungen unseres Apportiersystems.

Auch hier ist „Sitz“ die Ausgangsstellung. Wir öffnen durch Einspreizen der Finger unserer linken Hand behutsam den Fang und schieben unter „Apport“ den möglichst dünnen Lerngegenstand knapp hinter die Fangzähne. Dabei sind wir ganz Aug in Aug mit unserem Hund, wiederholen einige Male das neue Hörzeichen und stützen mit der rechten Hand den Unterkiefer des Hundes, damit er den Gegenstand nicht fallen läßt. Dann kommt das erlösende „Aus“, wir nehmen ab und loben sehr. Wie üblich werden Entspannungsgänge gemacht, dann wieder „Sitz“ und neuer Apportversuch.

Abb. 8. Das Halten des Apportgegenstandes. Bei diesen Übungen ist der Hund immer angeleint.

Diese ersten Übungen (dulden und halten) verlaufen meistens reibungslos. Als nächstes soll der Hund mit dem Gegenstand im Fang laufen. Wir gehen dabei rückwärts, locken den Hund zum Mitkommen. Eine Hand hält die Leine, die andere stützt wieder leicht den Unterkiefer, um vorzeitiges Auswerfen zu verhindern. Manche Hunde machen keine, manche viele Schwierigkeiten, aber lernen kann es jeder! Dulden, halten und tragen, dann wieder „Sitz“, kleine Pause, das erlösende „Aus“ und viel Lob. „Apport“ muß immer streng klingen, das „Aus“ freundlich, denn damit ist die Übung beendet.

Allmählich soll der Hund auf Apportbefehl selber nach dem dicht vor seinen Fang gehaltenen Bringobjekt greifen. Bei den ersten zaghaften Ansätzen dazu – er möchte gerne, traut sich aber noch nicht – müssen wir jubeln vor Freude und ihm Mut machen! So ist's brav – „Apport“! Übergang zum selbständigen Nehmen des Gegenstandes aus unserer Hand ist der schwerste Teil der Apportierausbildung. Je mehr es der Ausbilder versteht, seinen Hund mit der Stimme anzufeuern, um so eher erreicht er sein Ziel! Aber auch das ist Arbeit von Tagen und Wochen! Wer auf „stur“ schaltet und meint, ein Jagdhund müsse alles von alleine können und es sei unnütz, Lob, Anerkennung und Freude zu zeigen, wird mit seinen Ansichten kläglich scheitern.

Vom Boden aufnehmen, Verlorenbringen auf Führerfährte und Schleppe

Dem noch zaghaft zufassenden Hund erleichtern wir das selbständige Aufnehmen, indem wir den Gegenstand an einem Ende halten und mit dem anderen Ende den Boden berühren. Wir können den Gegenstand auch zwischen beiden Händen halten, uns bücken, vor dem Hund rückwärts gehen und ihn ermuntern, das bodenwärts gehaltene Stück zu apportieren.
Wenn wir unentwegt üben, haben wir bald erreicht, daß der ruhig sitzende Hund auf „Apport“ den vor ihm liegenden Gegenstand rasch aufhebt, damit vorsitzt, bis wir mit freundlichem „Aus“ abnehmen.
Ein Jagdhund muß so korrekt durchgearbeitet sein, daß er aus der „Down“-Lage heraus den dicht vor seinem Fang liegenden Gegenstand auf Apportbefehl schnellstens aufnimmt.
Den Abstand zwischen dem sitzenden Hund und dem ausgelegten Bringobjekt vergrößern wir allmählich und lassen den Hund an der langen Leine holen. Für dieses Bringen auf Entfernung benutzen wir das Hörzeichen „Verloren Apport“.
Das Verlorensuchen und Bringen macht dem Hund viel Freude und er ist jedesmal mächtig stolz und eingebildet über vollbrachte Leistungen. Sparen Sie also nicht mit Lob – es ist Ihr Vorteil! Wenn Hunde Angst zeigen beim Apportieren, dann sind solche Jammergestalten das Ergebnis falscher und zu harter Einwirkung durch unverständige Menschenhand. Natürlich steckt hinter allem Lernen unerbittliches Muß und eiserner Zwang, aber alles wird so geschickt angesetzt, daß der Hund sich willig fügt, nie das unerschütterliche Vertrauen zu uns verliert und seine Freude an der Beschäftigung nicht nachläßt. Mit zunehmender Apportiersicherheit wechseln wir die Gegenstände, die übrigens pfleglicher Behandlung bedürfen und öfters ausgetauscht werden sollten, wenn sie stark verspeichelt sind. Mehr als 2–3 kg sollten wir den Junghund vorerst nicht apportieren lassen, das genügt.
Für den künftigen Jagdhund ist wichtig, daß er zuerst kaltes, dann warmes Wild zum Apportieren bekommt. Jede Wildart, die der Hund noch nicht kennt, darf er zuerst beriechen, ehe er sie apportiert.
Der Hund muß das Ausarbeiten und Bringen auf Schleppen lernen, denn bei sämtlichen Herbstprüfungen und bei der Jagdeignungsprüfung ist das ein Pflichtfach. Eine Übungsschleppe wird so angelegt, daß sie immer vor dem Wind liegt, denn hier soll der Hund den Wind nicht zu Hilfe nehmen. Als Gelände sind gemähte Wiesen am besten geeignet. Mit einem Zweig markieren wir den Anschuß, an dem ein totes Kaninchen liegt,

dem wir etwas Wolle rupfen, um den Beginn der Schleppe interessanter zu machen. Das Kaninchen ziehen wir an einer Schnur etwa 100 m weit und legen es (ohne Schnur) in der Schleppspur ab, kehren dann in weitem Bogen zum Hund zurück, ohne in die Schleppspur zu geraten, um die Arbeit des Hundes nicht unnütz zu erschweren. Schleppen brauchen nicht lange zu stehen, sondern werden sofort gearbeitet. Es liegt also die Wittrung des Legers auf der Spur, der manche Hunde gerne folgen.

Bei den ersten Schleppen darf der Hund zusehen und die Schleppe an der langen Feldleine ausarbeiten. Wir führen ihn ruhig zum „Anschuß", zeigen mit der Hand auf Wolle und Schleppenbeginn und lassen ihn sich richtig festsaugen am Geruch. „Such Verloren Apport" lautet das Hörzeichen für die Schleppe, das wir während des Ausarbeitens öfters wiederholen, damit der Hund seinen Auftrag nicht vergißt. Am Stück angelangt, soll er unverzüglich aufnehmen und zum Anschuß zurückkehren. „Sitz", kleine Pause, „Aus", „Braver Hund"!

Für fortgeschrittenes Üben ist es zweckmäßig, die Schleppen von fremden Personen ziehen zu lassen. Der Schleppenleger verbirgt sich hinter einem Busch, etwa 40 m hinter dem frei abgelegten Stück. Er bleibt so lange in seinem Versteck, bis der Hund aufgenommen hat und zu seinem Führer eilt.

Der nichtjagende Hundefreund, und das ist der Großteil unserer Setterfreunde, kann seinen Hund mit dem Verlorenbringen ihm gehörender Sachen auf seiner Führerrückfährte sehr sinnvoll beschäftigen.

Aus dem Wasser apportieren lernt der Hund dann, wenn er im Bringen an Land perfekt ist und sicher und gut schwimmen kann. Solange ein Hund unsicher schwimmt, kann keine Leistung verlangt werden! Gehen Sie in der warmen Jahreszeit ihrem Hund voran ins Wasser, er wird vertrauensvoll folgen und bald Freude am nassen Element haben. Wasserscheue Hunde werden nicht geboren; im Wasser verängstigte und verdorbene Hunde sind falsch behandelt worden.

Die Spezialsuchen und Prüfungen in Deutschland

Der Verein für Pointer und Setter e. V. unterhält seine eigene, vom Jagdgebrauchshundeverband anerkannte Prüfungsordnung.

Im Frühjahr veranstalten die einzelnen Landesgruppen Jugendsuchen, Einzelsuchen und Alterssuchen. Der Zuchtwert eines Hundes beruht in erster Linie auf der Güte seiner Nase. Das Vorstehen von Federwild ist

absolut notwendig, wenn ein Hund Preise bekommen soll. Wichtig ist außerdem guter Gehorsam. Die Hasenreinheit ist bei allen Prüfungen Bedingung; Hetzer scheiden aus.
Die Junghunde laufen im Feld zuerst allein, dann paarweise, um die Sekundieranlagen erkennen zu lassen. Bei der Alterssuche arbeiten zwei Hunde zugleich im Feld, Sekundieren ist Pflicht. Sekundieren ist eine besondere Feldhundtugend englischer Vorstehhunde, die züchterisch gepflegt wird. Sekundieren hat nicht allein sportlich-ästhetische Bedeutung, sondern jagdpraktischen Sinn, denn Hunde, die sich sekundierend respektieren, kennen keinen Jagdneid.
Die „Große Suche" ist eine erschwerte Alterssuche mit internationaler Ausschreibung. Hunde, die sich dabei qualifizieren, sind ausgewählt für die deutsche Mannschaft im Wettbewerb um den Europa-Pokal, der jedes Jahr in einem anderen Land ausgetragen wird.
Bei den Herbstprüfungen sind Pointer und Setter jeden Alters zugelassen. Es gelten für Feldarbeit die Bestimmungen der Alterssuchen, aber ohne Paarlauf und ohne Sekundieren. Nach Möglichkeit wird Federwild vor dem markierenden Hund erlegt; danach muß er es bringen. Die Wasserarbeit umfaßt die Fächer Stöbern im Schilfe hinter eingesetzter Ente, Schuß mit dem Bringen der Ente. Weitere Fächer sind Verlorenbringen auf 250 m langer Kaninchenschleppe mit 2 Haken und Verlorenbringen von Federwild auf 150 m langer Schleppe.

Mit dem Hund auf Zuchtschauen und Ausstellungen

Lange vor dem Ausstellungstermin sollten Sie Ihrem Liebling guten Benimm im Ring, die sogenannte „Ringdressur" beibringen. Gewöhnen Sie ihn beim täglichen Bürsten an ruhiges Stehenbleiben und Berührung durch Menschenhand. Kraulen Sie den Hund an Brust und Kehle, streicheln Sie sanft seine Halspartie, damit er den Kopf natürlich hoch trägt. Kaufen Sie sich eine dünne Vorführleine und eine dazu passende Halsung, die Sie nur für Ausstellungen benutzen. Mit dieser Ausrüstung darf nie eine Dressurübung zusammenhängen. Wenn der Hund seine Ausstellungs-Ausstattung sieht, soll er sich schon freuen. Je selbstbewußter und ungezwungener der Hund im Ring läuft, desto besser kann er beurteilt werden. Üben Sie schnelles Traben im Kreis, wobei der Hund immer an der Innenseite ist, weil bei Ausstellungen der Richter in der Ringmitte steht.
Probieren Sie auch das Stehenbleiben; stützen Sie dabei leicht das Kinn

des Hundes, damit er den Kopf frei und hoch trägt. Doch die Hauptsache: Halten Sie bei dieser Ringdressur, die nur ein paar Minuten am Tag dauern soll, den Hund immer in fröhlicher Stimmung!
Bei der Gelegenheit bringen Sie dem Hund auch bei, das Gebiß vorzuzeigen. Es macht keinen guten Eindruck, wenn sich zwischen Vorführer und Hund ein Ringkampf abspielt, wenn der Richter das Gebiß kontrollieren will.
Und so wird's gemacht: Sprechen Sie beruhigend mit dem Hund, greifen Sie sanft über seinen Nasenrücken und ziehen Sie mit Daumen und Zeigefinger einer Hand die Lefzen beiderseits der Nase hoch. Die freie Hand faßt unter das Kinn und zieht die Lippe am Unterkiefer etwas herab, so daß jetzt bei geschlossenem Fang die obere und untere Reihe der Schneidezähne, der Zahnschluß, zu sehen ist. Dann greifen Sie etwas zurück, heben die Lefzen hoch und machen auch den Unterkiefer sichtbar, so daß der Richter die Backenzähne besichtigen kann.
Etwa 5 Wochen vor der Schau trimmen Sie dem Hund mit einem Trimm-Messer den meist zu dicken Haarwuchs unter den Behängen heraus, auch das Zuviel an Haaren an der Kehle bis zum Brustbein. Ebenso wird alles zu üppige Haar zwischen den Zehen und rund um die Pfoten geschnitten. So wirkt der Lauf eleganter.
Mit Abgabe der Anmeldung zu einer Ausstellung erkennen Sie die Zuchtschauordnung des VDH und des Veranstalters an. Sorgen Sie dafür, daß Sie am Ausstellungstag alle Papiere bei sich haben, auch das Tollwutschutzimpfungs-Zeugnis. Damit sich der Hund wohl fühlt, nehmen Sie seine gewohnte Decke mit, seinen Wasser- und Futternapf. Geben Sie ihm vor Betreten des Ausstellungsgeländes genügend Zeit zum Nässen und Lösen. Seien Sie rechtzeitig am Ring, wenn Ihre Klasse dran kommt.
Baden Sie den Hund nie warm vor einer Ausstellung, denn das Haarfett und der schöne Glanz des Fells wären für längere Zeit dahin. Schwimmen in sauberen Freigewässern dagegen schadet nicht.
Der Richter muß die vorgestellten Hunde nach gewissen Regeln, den Standardbestimmungen, beurteilen. Nehmen Sie den Richterspruch gelassen hin; und, falls er Ihren Erwartungen nicht entspricht, lassen Sie es auf keinen Fall den Hund spüren! Was weiß er schon vom Rassestandard und von Bewertungen. *Er* ist beständig in seiner Anhänglichkeit und Liebe zu Ihnen, solange sein Hundeherz schlägt, und deshalb bleibt er für Sie – hoffentlich – der schönste und beste Hund der Welt.

Wenn der Hund krank wird

Jedes Lebewesen kann erkranken, aber es gibt bei unseren Settern und Pointern keine speziellen, rassetypischen Erkrankungen. Hunde, die bestens aufgezogen, vielseitig und gut gefüttert, aber nicht überfüttert sind und die vor allem viel, viel Bewegungstraining und Beschäftigung haben, erreichen ein hohes Alter. Oft erhalten 10jährige Hunde auf Ausstellungen dank bester körperlicher und seelischer Verfassung noch ein „Vorzüglich".

Versäumen Sie während der Aufzucht und auch danach nie die Beigabe eines vom Tierarzt verschriebenen Mineralstoffpräparates mit Kalziumgehalt und Vitaminzusätzen, besonders vom Herbst bis zum Frühjahr.

Gelegentlich interessiert sich der Hund für eine ganz bestimmte lange Grassorte, rupft die Halme und schluckt sie. Bald darauf erbricht er gelblichen Schaum und darin eingewickelt ist das Gras, eventuell mit Knorpel oder etwas Unverdaulichem, das ihn bedrückte und der Anlaß für das Grasfressen war.

Bei Magenverstimmungen hat sich gekochter Haferschleim, dem Leinsamen zugesetzt wurde, als Beigabe zum Fleisch bestens bewährt. Auch scheint sich die Beifütterung von Dickmilch und Quark oder Joghurt gut auf die Verdauung auszuwirken, wenn der Hund diese Erzeugnisse mag. Bei sehr viel morgendlichem Training bekommen meine Setter anschließend eine Tasse Dickmilch und 1 Stück Hundekuchen. Die Fleisch-Hauptmahlzeit ist immer abends, zu jeder Jahreszeit.

Eine „moderne" Krankheit möchte ich erwähnen, die in den letzten Jahren bei Rassehunden und Mischlingen aufkam, die Analbeutel-Entzündung. Analdrüsen sind Duftdrüsen, die sich am Darmende befinden und sich normalerweise beim Kotabsatz entleeren. Wenn sie es nicht tun, entzünden sie sich und vereitern rasch. Der Hund rutscht mit dem Hinterteil, beknabbert sich den Oberschenkel und hat Schmerzen. Für uns ist das durch die starke Schwellung und Rötung des Afterbereichs erkennbar. Hier hilft keine Salbe, sondern nur der geschickte Griff des Tierarztes, der die Analbeutel zur Entleerung bringt. Im fortgeschrittenen Stadium einer Vereiterung muß operiert werden.

Auch Zähne, Ohren und Augen unseres Hundes bedürfen ständiger Überwachung. Achten Sie beim Autofahren darauf, daß der Hund nicht den Kopf zum offenen Fenster hinaushält, denn das kann Entzündungen von Augen, Ohren und Nase geben. Experimentieren Sie bei Augengeschichten nicht mit Kamille und Borwasser, denn davon fielen manchem Hund schon die seidigen Wimpern aus! Vertrauen Sie dem Tierarzt, der wirksame Mittel hat.

Die normale Temperatur des gesunden Hundes beträgt 38–39 °C. Gemessen wird im Mastdarm mit einem Fieberthermometer, das mit Vase-

line eingefettet und vorsichtig ins Waidloch eingeführt wird, wobei eine Hand die Rute des Hundes festhält.
Eine leidige Unart mancher Hunde ist das Schneefressen im Winter. Verleiden Sie das bereits dem kleinen Hund, aber versuchen Sie nicht, ihn mit einem Schneeball davon abzuhalten. Leinen Sie ihn lieber an, bis sein Interesse am Schnee vergangen ist. Schneefressen kann die Ursache für Magen-Darm-Erkrankungen, aber auch Bronchitis, Halsschmerzen und Blasengeschichten sein.

Literaturhinweise

Bücher

Donath, W. F.: Hunde – gesund ernährt. Rüschlikon 1971
Groß, Alice: Der brauchbare Jagdhund. Hannover 1972
Hegendorf: Wie sag ich's meinem Hunde? Wien
Jackson, Tony: The complete Book of Gundogs on Britain. London 1974
Keller, Georg: Pointer und Setter. Bleckede 1964
Leigthon, Boyce Gilbert: Irishsetters
Moxon, P. R.: Die Führung von Jagdhunden nach englischer Methode. Hamburg 1963
Niemand, H. G.: Hundehaltung – aber wie? Reutlingen
Tabel, C.: Der Jagdgebrauchshund, seine Erziehung, Abrichtung und Führung. München 1969
Trumler, Eberhard: Mit dem Hund auf du. München 1973
Trumler, Eberhard: Hunde ernst genommen. München 1974
Tuck, Davis: The new complete English Setter. New York

Zeitschriften

Pointer- und Setter-Nachrichten. Verein für Pointer und Setter e. V.

Nützliche Adressen

Verein für Pointer und Setter, Zuchtbuchamt Marianne Schmid, Postfach 221, 8493 Kötzting

Verband für das Deutsche Hundewesen e.V., Mallinckrodtstr. 26, 4600 Dortmund

Jagdgebrauchshundeverband e.V., Geschäftsstelle 2901 Kirchhatten

Schweizer Kynologische Gesellschaft, Spitalgasse 14, CH-3001 Bern 1

Österreichischer Kynologenverband, Karl-Schweighofer-Gasse 3, A-1050 Wien V

Sachregister

Für Hundefreunde –
Bücher aus dem KOSMOS-Verlag

J. Novotny/J. Najmann/Z. Humpal
Der Kosmos-Hundeführer
Für alle Hunde-Fragen ist der Kosmos-Hundeführer der richtige Ratgeber. Anhand des Namensregisters lassen sich Hunde, deren Namen bekannt sind, auffinden. Mit einem schwarzweißen Bestimmungsteil werden die Hunderassen ermittelt, von denen man Größe und Aussehen kennt. Die Einteilung in Rassengruppe und Verwendungszweck (z. B. als Jagdhund) ermöglicht schließlich die einwandfreie Bestimmung. Eindrucksvolle Farbfotos unterstützen die Beschreibungen.
176 Seiten, 126 Fotos, 118 Farbfotos, 26 Zeichnungen.

Kurt Kellner
Dem Hunde – wenn er gut erzogen
Ein Ratgeber für den Hundefreund – Kurt Kellner schreibt über das ideale Verhältnis zwischen Hund und Mensch, berät den Hundebesitzer und all diejenigen, die sich einen Hund anschaffen wollen, über Erziehung und Abrichtung, über die Pflege und Ernährung. Die Rechtsverhältnisse, die Krankheiten und die Untugenden des Hundes werden mit ebenso großer Sorgfalt behandelt, wie Hunde-Ausstattung und Hunde-Apotheke.
159 Seiten, 19 Fotos, 35 Zeichnungen.

Helmut Sohre
Gut Freund mit Hunden
Der Hund gilt als treuester Gefährte des Menschen. Helmut Sohre, der bekannte und vielseitige Journalist, hat sein Buch der Gemeinschaft „Mensch – Hund" gewidmet. In spannenden Berichten erzählt er vom Hund als Freund und Begleiter seines Herrn. Ein unterhaltsames Buch, das Amüsantes und Wissenswertes über den einzelnen Hund und Hunderassen berichtet. Ausgesuchte Fotos tragen zum Text bei. Für alle Tier- und besonders Hundefreunde.
132 Seiten, 156 Zeichnungen, 59 Fotos, davon 4 farbig.

Die Bücher erhalten Sie in Ihrer Buchhandlung.

Informationsschrift „Hunde" (P 311) liegt vor. Bitte anfordern!

Kosmos-Verlag, Postfach 640, 7000 Stuttgart 1